Con ... afecto,

Sept 22/2016

ANTIMANUAL

VIVIR MEJOR

MARIELENA W. NÚÑEZ

ANTIMANUAL

¡Bienvenida a tu mundo real!

VERGARA

México · Barcelona · Bogotá · Buenos Aires · Caracas
Madrid · Montevideo · Miami · Santiago de Chile

Antimanual
¡Bienvenida a tu mundo real!

Primera edición, septiembre 2011

Bradley 52, Anzures DF-11590, MÉXICO
www.edicionesb.mx
editorial@edicionesb.com

ISBN 978-607-480-186-6

Impreso en México | *Printed in Mexico*

Dedicado a todas las diosas, brujas e iniciadas en el arte femenino. Todas a las que conozco personal y no tan personalmente, a las que intuyo, de las que soy parte. Gracias por permitirme inspirarme en nuestro club.

Contenidos

ADVERTENCIA
DEDICATORIA
AGRADECIMIENTOS
PRESENTACIÓN
A manera de prólogo por Francisco Suniaga

1. Introducción al tema de las diosas, las brujas y las iniciadas
2. ¿Cómo es la cosa?
    - *El entorno o medio ambiente: acto cultural*
    - *La neurociencia: ¡Ah! Ahora se entiende la situación*
    - *¿Diosa o bruja?*
3. Espejito, espejito: ¿cómo construir nuestro propio terrorismo personal?
4. El efecto de la luna llena: ¿vives en tu propio infierno o en tu propio cielo?
    - *Efecto de luna llena: ¿quién es ésta demente?*
    - *¿Cuándo puede emerger el efecto de luna llena?*
    - *Prisionera de mi mundo*
5. La ilusión de la realidad: ¡pobrecita yo!
6. Amorcito corazón, de la balada al tango pasando por el bolero y las rancheras
    - *¿Cuándo y cómo llegará el amor a mi vida?*
7. Ante las imposibilidades de mis posibilidades y a manera de conclusión

GLOSARIO SOBRE DIOSAS Y BRUJAS
REFERENCIAS

ADVERTENCIA

Cualquier parecido con situaciones de la vida real planteadas en este antimanual son pura realidad, nada de coincidencias. Usted lee a su propio riesgo, después no diga que no le advertí.

LA AUTORA

Especificaré qué intento expresar cuando hablo de diosas, brujas, hechiceras y féminas en este antimanual.

Entenderemos por diosas a todas aquellas damas que son una encarnación viviente de las míticas deidades glorificadas por los griegos, romanos, egipcios y culturas afines; las cuales actualmente son rescatadas y presentadas en su amplia expresión por autores como la doctora Jean Shinoda Bolen y sus seguidoras alrededor del globo terráqueo. En la vida cotidiana las diosas son mujeres perfectas física, emocional, actitudinal, laboral, maternal y domésticamente hablando. Son una espora divina y celestial hecha femineidad. No sé cuántas hay en el mundo entero, tengo la sospecha que debe haber un número total equivalente a la suma de los números primos. He escuchado que en algunos países latinoamericanos, de acuerdo a canales de transmisión por cable como Utilísima Satelital o Casa Club, el ser diosa tiene que ver con lo que se refleja, es un tema de actitud principalmente. Una vez que se averigüe bien este tema buscaré cómo se pueden clonar y esparcir por todo el mundo.

Por **brujas** entenderemos a aquellas féminas que viven sus vidas menos como deidades y más como mortales. Se mueven a través de la cotidianidad; pueden quejarse, tener crisis existenciales, llorar, sentirse tristes, pedir afecto, entre otras cosas. El peligro de esta categoría personificada se da cuando la balanza alcanza su máxima potencialidad y las damas se convierten en seres insoportables, perseguidoras, celosas, criticonas; revisan el chat, la computadora, el teléfono celular de cualquier otro ser humano de su núcleo cercano, todo esto entre algunos de los atributos más notables. En ciertos países estas damiselas llegan a tener diferentes denominaciones, desde el de *villanas* hasta *serpientes*, pasando por el de *malvadas* hasta el de *engendro de panteras*.

Hechicera es aquella dama que pertenece a un sindicato muy particular. Puede trabajar en el arte de encantar a través de la magia en cualquiera de sus categorías. Su espectro de acción va desde hacer enloquecer de amor hasta la práctica del vudú haitiano. Una hechicera pasa a bruja cuando pierde sus encantos, talentos y competencias para lograr lo sublime.

¿Féminas? esa puede ser usted, nosotras, vosotras y ellas... así de simple.

Corolario es la proposición que no necesita comprobarse, sino que se deduce fácilmente de lo planteado anteriormente, es una consecuencia de algo.

Agradecimientos

A Conchita, Pastora, Mariel, por enseñarme y apoyarme de forma femenina incondicionalmente durante toda la vida.

A Julián por aguantarme masculinamente como madre y representante del estandarte femenino.

A Francisco Suniaga por tener la tolerancia, el viejo afecto y el oído para conversar conmigo del tema.

A Yeana González por darme una oportunidad e interesarse en mi concepto de antimanual.

A Soraya Bello por leer pacientemente mis textos.

A Beatriz Rozados por incitarme a pensar sobre las argumentaciones femeninas.

A las mujeres de mi familia materna, paterna, política y amigas de toda la vida fuentes de inspiración permanente.

A Ruth Plaut y a Gladys Ronca hijas únicas como yo, con apellidos de soltera, receptoras de mis soliloquios reflexivos.

A todos los amores posibles e imposibles, de ustedes y míos.

Presentación

En mi casa la única mujer era mi madre. La recuerdo bonita, simpática y con una capacidad insólita para gobernar a sus cuatro hijos y a su marido. Podría decir que allí no se movía ni una hoja sin que ella diera su consentimiento. De todos nosotros, mi padre, un artesano que se tomaba la vida como venía, era quien tenía la mejor actitud ante ella. Jamás trataba de entenderla y mucho menos explicarla, se limitaba a vivir con ella tal como mandan los cánones de la Iglesia: en las buenas y, sobre todo, en las malas, que en aquella época eran más. Esa fue la única lección que recibí en materia de conocimiento sobre la feminidad.

Siempre he creído que haber crecido sin hermanas como referentes próximos probablemente fue una rémora en mi conocimiento de las mujeres. Tengo la presunción de que tal vez sean las hermanas las únicas mujeres que se presentan ante uno relativamente francas, sin los consabidos siete velos que cubren toda alma femenina. Mi gran ignorancia de lo femenino me ha llevado a asumir ante las mujeres una actitud que se mueve entre los extremos de la curiosidad y el miedo abierto. Estados que, por la paradoja de la condición humana, me generan la más profunda atracción —no necesariamente relacionada con el sexo—. Me parece que el atractivo sexual resulta insuficiente y primitivo ante la sofisticada fuerza de gravedad que ejercen muchas de las mujeres que he conocido. Esa atracción inexplicable en la que sólo podemos intuir nuestra posible perdición.

A Marielena Waleska Núñez Blanco la conocí a comienzos de los años setenta, del siglo pasado (lo siento amiga, pero hay que decirlo), cuando formábamos parte de la cohorte que se iniciaba en el viejo Instituto Pedagógico de Caracas —donde se formaban los profesores de secundaria de nuestro país. Desde el primer momento fue parte de la legión de amigas que me resultan atractivas más allá de lo meramente físico. Era hermosa, como todas las muchachas de 17 años, pero era su inteligencia el rasgo que ciertamente la distinguía de sus congéneres.

Muchos años han pasado desde entonces, la mayoría de ellos sin siquiera vernos. Ella, como era previsible, realizó una brillante carrera profesional en el área de Recursos Humanos. De esa larga pasantía derivó, de manera sistemática, suficiente conocimiento de la condición humana como para trasmitirlo en cursos, conferencias y, ahora, en este libro. Hemos vuelto a encontrarnos ahora que casi ha pasado esa parte de la existencia que sólo gobiernan las hormonas. Pero en ambos casos, creo, la vida siguió un curso coherente con los jóvenes que fuimos; la amistad y las razones sobre las que se fundó en el pasado siguen intactas.

Esta simpática obra no hace sino ratificarme la impresión que desde siempre tuve de la autora: una mujer inteligente. Tanto que se permite escribir un manual con el signo invertido —antimanual— que al pretender develar a aquellas damas despistadas algunas claves de su insondable feminidad, lo hace en el lenguaje cifrado del humor y la suave ironía. Instructivo escrito de tal manera que sólo las mujeres pueden entenderlo a cabalidad, lo que no obsta para que los hombres queramos y necesitemos también leerlo; por aquello del efecto del espejo: en el alma femenina, aquí retratada, podemos echarnos un vistazo a nosotros mismos.

Francisco Suniaga

A manera de prólogo

Este libro nació hace muchos años en mis simposios mentales. Vueltas iban y venían, sabía que tenía que escribir algo que se pareciera a lo que había vivido y a lo que vivían muchas de mis congéneres. Un día por azares del destino una joven editora, que leía mi blog con regularidad y ya había publicado uno de mis libros, me propuso que escribiera un libro sobre los hombres y las mujeres. Algo que *ayudara* a la gente. Me debatía con esta nueva idea pues pensaba cómo iba ***yo*** a ayudar a alguien, qué herramientas podría utilizar, si ni siquiera un consejo patentado había podido implantar como reingeniería en mi realidad. El hecho fue que al tratar de doblegar a *la indomable* (así se llama mi imaginación en la intimidad de la familia) el resultado no fue lo que yo esperaba. El producto final no satisfizo mis expectativas ni las de la editora.

La idea me seguía revoloteando en la cabeza. Como heredé de mi progenitora y de la madre de ella la resiliencia, jugué con la perseverancia y la tenacidad para darle una vuelta a la historia... la de ustedes y la mía, la de la mayoría de las féminas. Decidí utilizar una suerte de cuento en esta irreverente aventura femenina liberadora de expectativas. Sí, esas expectativas generadas por los cuentos sobre divas gloriosas como la Cenicienta, la Bella Durmiente, Bella y la bestia, la Sirenita, entre otras muchas de las que pisan la alfombra roja de la farándula *disneyworldiense*. Esas que nos han hecho suspirar con el pedacito que justamente va antes del colorín colorado... el del beso de *y vivieron felices para siempre*. Dichas expectativas están ensambladas en forma de un *chip* o una *sim card*, que *tienden* a programarnos para toda la vida con un archivo semi-permanente etiquetado como *perfecto* (de lo que sea: pareja, hijos, trabajo, familia, sexo... usted ponga el límite). En esa carpeta de almacenamiento de información, entre *bits* y *bites* de la nube cerebral, está alojado todo aquello a lo que aspiramos y que sólo se puede dar en nuestra fantasía: que alguien cambie, que alguien nos dé, que alguien venga o que alguien se vaya.

Sobre el estilo de este antitratado debo explicar que un hecho básico en mi vida es que soy venezolana de origen y de corazón. Orgullosa de mi herencia, folklore y patrimonio. Una de las características esenciales de mi gentilicio es el cuento y la manera jocosa como vemos la vida aún en situaciones críticas. Tuteamos no por irrespetuosos sino por ser querendones o por igualarnos. Para nosotros, en general, todo el mundo es *mi rey, mi reina, mi príncipe, mi princesa, mi vida* y *mi amor* sin pizca de acoso; sustantivos que, de acuerdo a mis *introspecciones reflexivas*, refuerzan la fantasía de los cuentos que más nos gustan. Muchas personas llaman a los venezolanos "cuenteros" pues a veces somos exagerados en nuestros relatos e historias. No creemos en nada y a la vez creemos en todo. Para nosotros todo tiene que ver con el relato, la anécdota, el chiste y la moraleja. Es por esa razón que me encanta escuchar, algo que me ha sido muy útil en mi papel de Consultora profesional. También me gusta relatar. Creo que es más fácil comunicarse de esa manera, pasando del plano de las ideas al plano de la emoción y viceversa. Mis amigos y amigas me cuentan sus historias de las cuales también he aprendido mucho en varias etapas de mi vida. Entre ellos hay grandes cuenta cuentos, también hay cuenteros y otros que viven de hacerse sus cuentos y de "meterle" cuentos a otros.

Este libro que está comenzando a leer no intenta ser de ninguna manera una investigación exhaustiva ni minuciosa, nada más lejos de la realidad. Tampoco se opone a lo científico, lo cultural o feminista. Sólo es un antimanual. La intención tampoco es brindarle los aspectos esenciales para hacerla una diosa, princesa, hechicera o sex-symbol. Tampoco busca enseñarle a nadie cómo "atrapar" a ese otro, o provee recetas de felicidad, menos aún tiene como propósito aconsejar a nadie. No tengo autoridad en este tipo de sugerencias. Puede ser leído por diosas y dioses, por brujas y brujos sin excepción. Les anticipo que yo no tengo verdades y que las cosas son como somos.

En conclusión, me gusta ver la vida como un cuento, con todos los elementos: situaciones, obstáculos, actividades de transformación, moralejas, drama y siempre un *final feliz*... Aunque a veces no sea el que se espera o no parezca *final feliz* en el momento. La idea es hacer de nuestra existencia una suerte de aventura orientándola más hacia lo maravilloso y menos hacia episodios de tipo Indiana Jones.

MARIELENA W. NÚÑEZ

Introducción al tema de las diosas, las brujas y las iniciadas

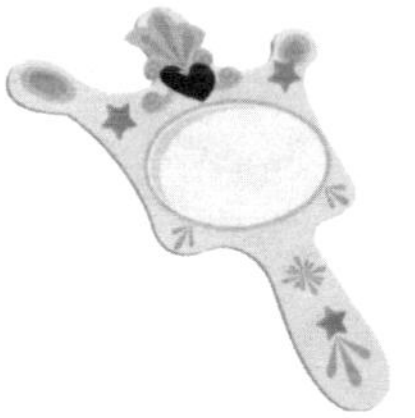

Nos reconocemos en el mismo lugar
como si lo viésemos por primera vez

T.S. Eliott

Desde que tengo uso de razón como digna fémina iniciada puedo recordar que muchas de mis congéneres, incluyéndome, han buscado soluciones para la vida en importantes oráculos como *Cosmopolitan*, *Vanidades*, *Playgirl* y *Buenhogar*. Las más modernas escuchan los consejos de las hermanas Berman, Maytte, Oprah y las hermanas Kardashian entre muchísimas otras fuentes referenciales, unas más modernas que otras. También consejeros, psicólogos, brujos y astrólogos han jugado un rol muy importante en el arte de marcar la pauta sobre cómo actuar en la vida femenina no importa si es sobre temas de amor, familia, pareja, maternidad, trabajo o afines. Todo está casi estandarizado cuando de consejos se trata, y de una manera u otra siempre nos hemos movido así a través de las generaciones. Antes las consejeras eran las abuelas, hoy son diferentes sitios en Internet, figuras mediáticas y libros, los que suplen el rol.

Puedo recordar que a las jovencitas de mis años mozos nos encantaba hacer los *test* de las revistas pues nos decían cómo éramos y a lo que podíamos aspirar en la vida (¡ajá!). Esos resultados podían hacernos saber si estábamos fuera de contexto, si teníamos lo que se requería para ser feliz, lo que sea que significara para ese momento *felicidad*. Yo invariablemente caía en el segmento de las desahuciadas, las sin remedio. Tempranamente me di cuenta que mi genotipo y fenotipo no eran compatibles con las modelos de moda: delgadas, seguras, conocedoras del mundo como la Twiggy, Bo Derek, Heidi Klum, Tyra Banks, Elle Mc Pherson o las de Victoria's Secret, menos puedo ahora competir para premio alguno en la gloriosa época menopáusica donde la gravedad hace que todo caiga y se considera que una mujer está fuera del mercado. De acuerdo con la común percepción femenina esas maniquíes ***sí*** son felices, claro que esto provoca que sean el objeto de la oscura envidia del resto de las mortales femeninas.

Yo pertenecí, de acuerdo a mis amigos del sexo opuesto, a la clasificación de patitos feos, que con alguna suerte y tiempo podrían pasar a ser cisnes, pero no negros como el representado por Nathalie Portman. Debo admitir abiertamente que nunca entendí las aplicaciones prácticas de esos mencionados consejos sabios convertidos en pruebas psicotécnicas casi universitarias y libros casi sagrados donde se explicaba el arte de amar (a cualquiera), cómo tratar a gente conflictiva, las maneras de pescar a un príncipe azul o simplemente lograr el *look* o el orgasmo del momento. También, nunca entendí las razones por las cuales todo se explicaba generalmente con números o en series como las *cinco* maneras de ser más sexy en la vida, las *10* reglas para volverlo loco (¿de qué?), las *7* maneras de convencer a tu jefe, caldo de frijoles para la tristeza, caldo de frijoles para las rupturas, caldo de frijoles para aumentar la fibra alimenticia en la dieta diaria. Siempre me pregunté las razones de un número específico y de dónde nacía esa medida. También argumentaba conmigo misma las consideraciones para realizar las sagas o continuaciones del mismo tema (pensaba que tenía que haber algún tipo de racionalidad incomprendida por mí). Lo que sí me resultaba clarísimo era que las respuestas que encontraba respecto a mis necesidades no se parecían a mí; es decir que no las entendía, o no sabía qué hacer cuando, siguiendo un antiséptico protocolo, mi contraparte me contestaba diferentemente al guión que yo tenía en mano. Entiendo como contraparte a cualquier opción con la cual debía interrelacionarme. Siempre concluí que yo debía ser muy insegura, que era una mutación o que había nacido con desperfectos técnicos de fábrica. No podía ser que yo fuera la única mujer en la bolita del mundo a la que no le funcionaba ninguna de esas versátiles recomendaciones.

Para poder competir desde otra perspectiva que no fuese la de la *perfección* en varios aspectos vitales, tendría que alcanzar la maestría femenina personal sin necesidad de leerme *El Secreto*, entenderlo y sentarme a esperar el Ferrari rojo. Mi curiosidad me llevó a investigar sobre un amplio rango de "sabios", algunos literarios y otros de carne y hueso, que funcionaban como sistemas expertos. Los resultados siempre coincidían: nunca podía aplicar los consejos a la realidad porque mi realidad era diferente. Puedo recordarme claramente leyendo *Los hombres son de Marte y las Mujeres de Venus* sin poder pasar del primer capítulo (por supuesto... lo escribió un hombre).

Cuando comencé ya como profesional a hacer consultoría en mi área, trabajé con múltiples personas y personalidades. Me di cuenta de que mis pensamientos con respecto a las formas de ser *la mujer perfecta* eran compartidos por muchísimas damas... nunca estuve sola en el mundo de los procedimientos para ser feliz. Un gran porcentaje de las mujeres que pasan por mi consultorio y aulas de clase, me han relatado lugares comunes que yo misma he vivido. Constaté que no era la única que había tenido desencuentros con la *perfección*. Muchas mujeres hermosas, que poseían todo a lo que aspiramos las demás, podían sufrir mucho. También, otras mujeres menos agraciadas podían estar en las mismas circunstancias o mejor que yo. La hipótesis de que la vida era sublime sólo para un tipo de mujer: las bellas, delgadas, rubias, de cabello lacio, extrovertidas, sin un gramo de grasa, todo de músculo, contorsionistas como Shakira; se caía completamente. Así, decidí hacer mis propias investigaciones ***informales*** para entender el sufrimiento femenino. Exploré explicaciones desde los arquetipos de diosas mitológicas hasta las princesas de Disney. Me inscribí en una página de búsqueda de parejas para entender qué buscan los hombres en las mujeres y viceversa.

Corolario: no hay manual para la búsqueda de la felicidad femenina pero... sí hay elementos predecibles, que nos llevan a comportarnos y a entender la vida de la manera que lo hacemos. Así que las invito a revisar conmigo este antimanual para divertirnos con nosotras mismas aunque esto no sea un juego.

¿Cómo es la cosa?

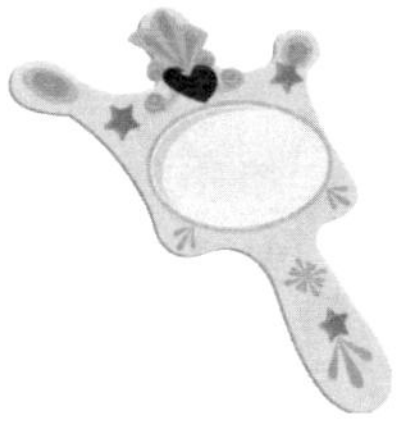

> Las mujeres son como las canciones en otro idioma... No las entiendo pero cómo me gustan
>
> GRAFITI EN UNA PARED DE CARACAS

Son las seis de la mañana y recibo una llamada telefónica a mi celular. Medio dormida y anticipando cualquier tipo de catástrofe, respondo la llamada y contesta una voz joven. Suena como si estuviera llorando y sólo me pregunta: "*¿Qué hago? Me engañó, no me quiere. Me siento muy triste, pero él me decía que me quería*". Era una "emergencia emocional", un s.o.s. matutino. He escuchado estas frases desde hace mucho tiempo, en boca de mis amigas, mis primas, mujeres cercanas y no tan cercanas a mí, en mi consulta mínimo ocho veces por semana. ¿Qué es lo que hace tan común este sufrimiento que evoca mi memoria? ¿Sólo es algo típico del género femenino o también los hombres lo sienten así? ¿Solamente son asuntos del corazón o tiene que ver con cómo resolvemos la vida a diario?

Realmente me impresiona la repetición del mismo guión y de los mismos patrones, no importa el credo, color de piel, posición política o social. ¿Será eso a lo que se conoce como *Karma*? Pareciera como si todas hubiéramos ido a la misma escuela emocional, (ellos también van a la misma; no la de las mujeres... ¡por supuesto!), y nos hubiesen enseñado los mismos discursos universales. Le preguntaba a un amigo de la universidad, ahora famoso novelista, si los hombres son tan predecibles (las mujeres solemos decir que ellos piensan con su gusanito que está algo más debajo de la pretina del pantalón). El experto en cuestión me respondió con una elaborada explicación sobre los primates, los leones y el hombre como representante de nuestra especie, seguramente basada en algún documental de Animal Planet. Después de tantas vueltas me dijo entre muchas cosas algo que no me sorprendió pero me dejó reflexionando: *los hombres saben cuándo decir lo que las mujeres quieren escuchar, si "caen" es ya asunto de ellas, de su fantasía, de sus necesidades personales.* ¡Ups!

Recordé entonces libros relacionados con el tema de brujas y diosas: la gente de Marte y Venus de Gray, la de los cerebros masculino y femenino de Baron-Cohen, la de las instrucciones y los mapas de los esposos Pease, las razones por las cuales los hombres aman a las cabronas de Argov, los argumentos por los cuales los caballeros las prefieren brutas de Santo Domingo, razonamientos densos e intensos de Carlos Fraga, Walter Riso y Leo Buscaglia, me paseé por la dialéctica de Eric Fromm, Nietzche, Rilke, Hesse. Revisé los textos de intensas ultrafeministas *quema brassieres*, las cuales exponían postulados sobre el estancamiento de la revolución femenina a causa de la cultura y el determinismo biológico sin cambios económicos y sociales profundos, ¿ah... qué, qué?

Finalmente, llegué a la conclusión de que a veces las soluciones se parecen a quien las da, son parte de su experiencia particular, de sus proyecciones. Aquí nos vamos a ir por la practicidad y abordaremos el arte de estas conversaciones personales, las de ellas, las de ellas con ellos y las de nosotras con nosotras mismas. Todo eso que hacemos para resolver y no resolver, sin detenernos a pensarlo y que nos lleva algunas veces a inmensos sufrimientos... no solamente referidos al plano del corazón. Todo sin manual ni oráculo. Cada quien es libre de hacer lo que le plazca. Total... yo no soy dueña de la verdad, sino de mi verdad que es relativa.

Comencemos por el principio…

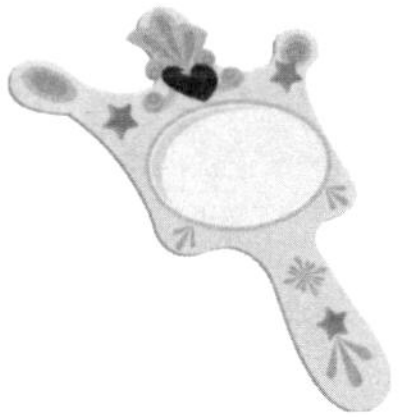

Lo que más nos molesta no es lo que sucede sino lo que pensamos que eso significa

Epictetus

Aunque la escritora feminista británica Natasha Walters diga en sus ensayos que todo lo de la biología y la cultura no influye en el comportamiento femenino, yo humildemente he concluido como producto de mi vivencia exhaustiva de varias décadas que ***sí*** debe influir pues los comportamientos femeninos son globales aun cuando no existía la televisión por cable. Como buena feminista y reconocida autora, ella hace análisis muy concienzudos sobre la Barbie en comparación con las Bratz y lo que ellas han significado para las niñas de hoy. A decir verdad, aunque sean más modernas las primeras, la Barbie es un clásico para cualquier fémina que se respete, aunque Ken la haya abandonado recientemente por razones ecológicas, de acuerdo a la prensa internacional.

La señora Walters enfatiza que los medios de comunicación actualmente influyen en el comportamiento femenino, con lo cual puedo estar de acuerdo.

Sin embargo, yo recuerdo que ya de adolescente, mi mamá siempre me decía que no podía salir sin pintura labial bien colocadita pues no sabía si me iba a conseguir al príncipe de mi vida mientras esperaba el ascensor de mi edificio, ¿sería que mi mamá conocía algún miembro de la realeza europea que vivía en Caracas en esos tiempos? También mi sabia progenitora tenía una campaña educativa para que ninguna dama del clan familiar saliera en sandalias caseras o tubos en la cabeza pues eso era una pérdida de glamour. Mamá falleció hace 27 años y en ese tiempo no existía Facebook ni otras redes sociales, creo que tampoco la revista española *Hola*, así que no se puede decir que mi señora madre estuviera influenciada por las estrategias de los medios de comunicación masiva. Ella nació así y se crió así, lo aprendió del medio femenino de donde se desarrolló. Conocía o, por lo menos, creía conocer la estrategia y táctica femeninas.

Más o menos para esa misma época, en mi país había un programa de televisión llamado *La Perfecta Ama de Casa* con la señora Ana Teresa Cifuentes... un oráculo viviente de los años cincuenta. La susodicha siempre estaba muy arreglada y enseñaba a las asiduas televidentes trucos para mantener a sus maridos felices y risueños. Siempre que la veía me preguntaba cómo le hacía para pasar la escoba, cocinar, planchar y hacer todas las labores del hogar sin sudar una gota, con tacones de aguja, vestida de punta en blanco y sin un cabello fuera de sitio. Mi conclusión es que siempre las mujeres han buscado el secreto para (re)tener contento al ser amado. Hemos tenido un rol marcado hacia el cuidado del nido, mientras los hombres han sido los cazadores que protegen y buscan el sustento (¡algunos también se pueden perder en otras aldeas aledañas!). Los tiempos han cambiado, los roles se han ido acomodando con la modernidad pero hay vestigios de que seguimos en lo mismo. Las emociones de la mujer de las cavernas, la Vilma Picapiedra de ayer, son las mismas de la de hoy, lo que cambia es el mamut. El paquidermo peludo de ayer estaba representado por la ausencia de fuego para preparar la cena, o por el troglodita que le estaba echando el ojo a una jovencita de la otra cueva que no tenía bigote como ella. El mamut de hoy pueden ser los kilos de más, situaciones de autoestima, o que el candidato que te gusta se parezca a los teléfonos públicos de las capitales venezolanas: ninguno sirve y el que sirve está ocupado (¡menos mal que los celulares bajaron de precio!).

Ya sé. Seguro estás pensando que no todas las mujeres son así. Que estoy haciendo una caricatura del sexo femenino. Claro, tienes razón —no sobre la caricatura— no todas las mujeres se comportan así. No todas las mujeres "actúan" obligatoriamente en un eje totalmente femenino. A muchas damas les ha tocado por razones del destino asumir labores más masculinas, tener actitudes más fuertes, resolver situaciones que podrían ser más varoniles, en fin, ser las "duras" de la partida. Algo así como las Doñas Bárbaras en un extremo o las Libertad Lamarque en el otro, del mismo continuum; puedes buscarlas en Google si eres muy joven. La traducción en tiempos más actuales sería la presidenta Bachelet de Chile, Venus William (la tenista), o la Doctora Lisa Cuddy de la serie Dr. House. Mujeres a quienes les toca resolver todo. Esta actitud se debe a que, tanto hombres como mujeres, tenemos dentro de nosotros mismos lo femenino y lo masculino, como dicen los orientales: el yin y el yang. Unas personas desarrollan más un eje que el otro; ambos hablan de nuestras historias particulares de vida. Debido a la naturaleza de ser damas nos debería ser más fácil adquirir aprendizajes femeninos, sin embargo, por la vida o las circunstancias específicas salen a flote algunos aspectos "masculinizados", diligentes, que nos ayudan a vivir y a sobrevivir. Un ejemplo sería divorciarse y tener que asumir el rol de padre y madre.

En este tema de ejes masculino y femenino lo ideal sería equilibrar y complementar ambos aspectos (yin y yang) para tener estabilidad psicológica y emocional, relacionándonos así adecuadamente con las demás personas significativas de nuestras vidas. Para ilustrar el punto se me ocurre pensar en las mujeres ejecutivas o deportistas de alta competencia, quienes resuelven, surgen, tienen metas claras, a quienes algunas veces no se les dan fácilmente las tareas del hogar. Es decir, con su parte masculina bien sólida, el yang. Al encontrarse con un galán de actitudes como las de ella, se produce un choque de titanes puesto que falta la complementariedad, es decir, lo femenino y masculino dentro de ella, además de lo femenino para establecer la relación con el otro. Por esta razón, muchas mujeres se hacen buenas amigas de los caballeros (¿para acercarse a la presa?), se enamoran de ellos, son las favoritas para parrandear, jugar, compartir y competir... pero al final de la película, no son las seleccionadas para sellar una relación. Ellos van a buscar a alguien que los complemente, que los admire. No a quien compita con ellos de par a par. También lo podemos observar en un hijo con madre y hermanas echadas para adelante, autosuficientes, que busca como su alma gemela a una mujer más dócil, de su casa, más "débil" (en comparación con lo que experimentó en su nido originario). Está buscando lo femenino, *eso* que estaba presente pero de forma deficiente en su casa. Esto tampoco lo explican los manuales, se los digo yo con conocimiento de causa.

Vamos entonces a revisar los elementos que hacen que las cosas sean como somos.

El entorno o medio ambiente: primer acto cultural

Desde los primeros días de la infancia, la diferencia de roles se marcan claramente. Las niñas tienen juguetes que *son* para ellas: muñecos que representan niños a los que deben cuidar (bueno, la Barbie es una excepción. *Esa* es para que aprendamos sobre ropa, zapatos de última moda, combinaciones, tendencias, futuras cirugías estéticas, tratamientos capilares, entre muchas otras cosas glamorosas), juegos de cocina y de café, estuches de maquillaje, implementos del hogar, cosas por ese estilo... femeninas. Los niños reciben pistolas, armas galácticas, juegos de video, muñecos de acción, bates, pelotas, taladros, cascos, patinetas. Es el inicio de un mensaje: los niños son los duros, los que pelean, los fuertes; las niñas, las futuras amas de casa, las esposas, las madres. Yo no recuerdo que me hayan regalado una ametralladora de niña, tampoco recuerdo que el Niño Jesús le trajera a mi primo Tato unos zapatos de tacón para aprender a caminar de puntillas. Probablemente si alguien lo hubiese hecho, el alto jurado matriarcal de las Blanco Rondón (los apellidos de mi mamá y mis tías) hubiesen tomado cartas en el asunto y, segurísimo, no hubiéramos visto más al obsequiante en ninguna reunión familiar hasta que una de ellas falleciera.

El patrón de crianza marca las experiencias de aprendizaje. ¿Quién le regala a un bebé recién nacido una faldita? Nadie. Si uno no sabe el sexo de la criatura se lanza por lo seguro: trajecitos blancos, amarillos o verdes, tonos pasteles neutros por si acaso. Las niñas se manejan en ambientes con más limitaciones culturales que los varones, ellos están preparados para las amenazas del ambiente y pueden dedicarse con más libertad a ello. Para ilustrar el punto, mi prima Rebeca y yo teníamos una pasión muy especial por montarnos como unas chivas montañeras en el techo de la casa a través de un gran árbol que había en el patio. Cada vez que nos descubrían había regaño seguro. Sin embargo, mi primo Tato era incentivado a realizar sus aventuras en ese mismo techo, pues él era el varón de la casa, se esperaba ese comportamiento de él. En el colegio nosotras dos teníamos que salir a defenderlo cuando le caían a golpes; y eso no era bien visto pues resultábamos poco femeninas. Debo aclarar que la defensa no era a golpes sino a verbo limpio. Sin embargo, ese socorro tenía una razón de fondo... nuestra futura protección. Él, cual animal herido, se vengaría resentidamente con las pobres de las niñas de la casa pues había perdido su batalla en el patio de la escuela, ¡qué vergüenza! Lo resaltante en esta anécdota es que aprendemos a resolver muchas situaciones de la manera en que las vemos en nuestro entorno, llámese casa, escuela, iglesia, club, asociación, tribu, etcétera. Las madres tienen una influencia importante en las niñas para determinar cómo solventarán y resolverán circunstancias a futuro. Los padres marcarán la manera como los niños manejan sus realidades en el presente y en el futuro. Si hubo ausencia de imagen paterna o materna, probablemente las situaciones se manejarán de la forma como lo hacía la figura representativa en su núcleo. A mi mamá y a mi abuela les encantaban las películas mexicanas y argentinas con Libertad Lamarque y Sara García, así que en mi casa se resolvían muchas cosas llorando a mares. Sin embargo, ambas fueron insignes luchadoras y yo les aprendí el arte de la resiliencia para fortalecerme a pesar de la adversidad.

Lucy Pereda (la imagen de Casa Club, el canal por cable) con su pistolita de goma caliente que remienda cualquier cosa así como los cuentos de los Hermanos Grimm, transformados en versiones de Disney, han marcado y transformado las aspiraciones de las féminas de hoy. Queremos ser divas que cocinen riquísimo (bajo en calorías, por supuesto), vestirnos con lo último de la moda (con bajo presupuesto) y tener la casa como de revista de decoración. Al mismo tiempo, tener acciones en la Bolsa de Valores para la obtención y manutención de un príncipe azul impecable.

Gracias a los escritos de Steve Harvey, el comediante, y Pilar Sordo, la psicóloga, y de escuchar a Carlos Fraga, el actor, me enteré que las mujeres, en contraposición a los hombres, necesitamos *ciertos* elementos para estar rebosantes de tranquilidad. Aquí les presento un esquema con los comentarios que resultaron de interpretación propia de los hechos:

Las mujeres necesitan	Los hombres necesitan
Ser amadas (por sobre todas las cosas, sobre todo si se quiere tener sexo con ella).	Sexo pleno (mucho y variado, importante para pensar).

Ser tomada en cuenta (ser el eje fundamental de todas las miradas y hermosos comentarios, los malos no se aceptan, tampoco las críticas).	Compañera divertida (no se valen quejas, regaños, amarguras, frases como "tenemos que hablar" o "yo te lo dije").
Tener solvencia económica (no es justo mantener a nadie que no sea una misma, los hijos pueden ser una excepción; la situación ideal es poder mantener una posición desahogada, cómoda).	Sentir apoyo (que lo traten como rey y agradezcan los favores recibidos, de toda índole).
Verdad, transparencia y claridad (aún cuando esté reconstruida cosméticamente, con cabellos alisados con keratina y cara inexpresiva de tanto botox).	Ser héroe (Dejarlo arreglar las goteras del baño sin la presión de llamar al fontanero, o dejarlo estar perdido por horas sin decirle que queremos preguntar la dirección del sitio donde vamos).
Un príncipe (casi como William de Inglaterra o cualquier cuento de Disney pero hecho realidad; mejor si es alto, delgado, musculoso, leído y simpático, además que quiera a nuestra familia).	Tener un espacio estable donde desarrollarse (Dejarlo jugar con el control remoto de la tele todo el tiempo, dejar la ropa húmeda en el piso del baño, no llamarle la atención por usar el sanitario sin levantar el asiento).

Como mencioné anteriormente, las mujeres tenemos expectativas o idealizamos situaciones. Esperamos que alguien ***cambie*** (me lo encontré dañado pero yo lo arreglo, o, no importa si fuma conmigo va a dejar el vicio), alguien que me ***dé*** (afecto, ¿dinero?, tranquilidad, paz), alguien/algo que ***venga*** (y llene mis espacios, desde un bebé hasta el hombre de mi vida, un trabajo adecuado para mí) o alguien que ***se vaya*** (porque ya no lo soporto, ¿qué habré hecho yo para merecerme esto? ¿Dónde tenía la cabeza? ¿Cuándo me cambiarán a este jefe? ¿Cuándo va a estirar la pata? ¿Cuándo se irá esta mala suerte?).

Justamente por mi tipo de interacciones con mujeres, ya sea por trabajo, como docente, como miembro de una familia o como amiga, he detectado que todas, absolutamente todas, tenemos *"lugares comunes culturales"*, es decir, vivimos situaciones compartidas, no importa el huso horario y coordenadas donde vivamos. Sin importar el país, pareciera que nos pasa o padecemos lo mismo. Existen algunos elementos que compartimos como nuestra forma de mantener personas, cosas o situaciones, la forma como expresamos nuestro lamento, nuestra orientación hacia lo afectivo, nuestra forma de solucionar situaciones, lo que esperamos del otro, cómo asumimos las retroalimentaciones, nuestro manejo del tiempo. Utilizando como base de reflexión las cinco necesidades mencionadas me voy a atrever a explorar esos lugares comunes o actos culturales. De nuevo, quiero aclarar que son producto de las investigaciones no rigurosas y lecturas realizadas así como de la curiosidad que me producen los foros femeninos de diversa índole, entre los espectros de la sublimidad hasta la trivialidad.

Por lo general, las damas ***retenemos*** desde el agua hasta las personas. Nunca escucharemos a un hombre decir que está hinchado por retención de líquidos, pero las mujeres hablamos de ese tema y existe hasta en inglés (*bloated*) lo que lo hace "universal". Las damas jóvenes y no tan jóvenes tenemos una pasión por acumular, guardar y atesorar envases de comida china, papeles en la cartera y en las gavetas, sentimientos, pensamientos, ropa. Cuando nos preguntan las razones siempre respondemos: *por si acaso*. Recuerdo que cuando trabajé en la industria petrolera en mi país muchas veces tenía que viajar a los sitios de operaciones y yo, aunque sólo estuviera unos pocos días, llevaba equipaje con ropa, *por si acaso*. Mis colegas masculinos solían bromear sobre los contenidos de mis valijas. Decían que yo llevaba una maleta con cincuenta pares de zapatos. Muchas veces no me llegaba a poner todo lo que contenía mi equipaje, pero me hacía sentir segura llevarlo conmigo, el no soltarlo. Es que nos cuesta soltar cosas, recuerdos, personas, significados, etcétera. Mis hijos tienen tiempo viviendo en el extranjero y yo tengo muchas cosas de ellos por si acaso las necesitan. Por el contrario, a los caballeros les resulta más fácil deshacerse de todo, incluyendo las memorias de un "gran" amor, cosa que nosotras no comprendemos ni comprenderemos jamás. Nos preguntamos: "¿Cómo es posible que ya me haya olvidado? ¿Será que aún me piensa? ¿Me extrañará como yo lo extraño? Lamentablemente para nosotras, ellos olvidan muy rápido, desde personas hasta conflictos, y avanzan en la vida. Por eso es que pueden restablecer relaciones afectivas más fácilmente que las mujeres. Mientras ellos pueden recuperarse raudamente, nosotras comemos, nos acabamos y entramos en duelo... retenemos. Pero es necesario reconocer que una vez pasada la crisis volvemos a estar regias.

A las féminas nos desagradan algunas cosas y situaciones, sin embargo, nos cuesta dejar de hacerlas, contrario a los hombres. Nos molesta y nos quejamos de que el hombre de nuestra vida, los hijos, el jefe, el hermano, el vecino, los amigos, nos maltraten y nos malquieran; no obstante, nos cuesta salir del círculo vicioso de esas relaciones. La razón es simple ***necesitamos sentirnos queridas*** y útiles. Yo he escuchado a muchas de mis congéneres que esperan ansiosas el momento en que sus hijos se vayan de la casa y se responsabilicen por sus propias vidas; pero, apenas los chicuelos lo hacen, ellas comienzan a sufrir el síndrome del nido vacío. Una de mis primas con muy buena fe, me "aleccionó" racionalmente sobre la partida de los hijos, entendiendo que mis dos hijos viven fuera de su terruño natal. Hace una semana cuando uno de sus hijos le informó que se iría a Europa a probar suerte, ella casi se desmaya. Me comentó que lo acompañaría al aeropuerto con una gran sonrisa pero que apenas llegara a su casa se lanzaría al piso a llorar amargamente por la ausencia de su retoño. Hay una "secta" llamada los *mammoni* en Italia (ahora extendiéndose por otros países europeos), son hijos que permanecen en el hogar hasta bien entrados en edad, o cuando se casan. Las madres se quejan todo el tiempo de que los jóvenes en cuestión no se mueven ni dirigen sus destinos. Pero cuando aparece una villana (llamada novia) que se los lleva a otro lado, entonces los extrañan. Otro gran tema por este estilo es el destete del bebé. ¿Cuántas madres no ven el momento de recuperar su libertad? ¿De lograr romper con la tiranía del pequeño que se pega a su pecho y no las deja moverse con la independencia que solían tener? Pero apenas el bebé descubre los alimentos, la madre sufre porque ahora prefiere la leche de vaca a la de ella, una banana o el brócoli a su pezón. No son las mamás italianas, no es mi prima, no soy yo, somos todas... contradictoriamente femeninas. ¿Quién nos puede entender?

Otro lugar común, que a veces se convierte en un motor en la vida de una fémina es ***lo afectivo***. De hecho, escuchamos casi desde que nacemos que vinimos al mundo para ser madres, para amar. Nos gusta la idea, la acariciamos y disfrutamos. Puede ser un ideal tan femenino que en estos tiempos, cuando la edad de la maternidad ya no es tan temprana como en la época de mi abuela, hay formas para hacer ese sueño realidad. Cuando nació mi primogénito yo era considerada, por la comunidad médica venezolana, una *primigesta* entrada en años... y tenía 29. Para los ingleses estaba jovencita pues las damas anglosajonas parían a finales de sus treinta, entrando a los cuarenta. Pues bien, debido a que, actualmente, muchas damas posponen la edad de la maternidad para lograr sus objetivos profesionales —situación que se entiende perfectamente— ahora existe el congelamiento de óvulos. Una puede, luego del tiempo planificado, escoger a la pareja ideal y dar rienda suelta a la maternidad, cumpliendo así con esa necesidad afectiva primigenia que hay en cada una de nosotras. Tenemos que amar con pasión loca y desmedida a cualquiera o a muchos.

Otro motorcito cultural que trabaja en lo femenino es la manera como nos acercamos a la solución de nuestros problemas y situaciones. Independientemente de la urgencia por resolver, nosotras nos diluimos en ***el proceso***. Yo he reparado en mis propias actitudes, por ejemplo, ante la necesidad de entregar un trabajo y en la búsqueda para terminarlo, doy más vueltas que perro en autopista. Haciendo otras tareas menores que no me apoyan para resolver lo que tengo pendiente. Recuerdo claramente unas vacaciones en la Isla de Margarita con mi familia. Le había dicho a mi esposo que necesitaba ropa interior. Él inmediatamente me preguntó qué necesitaba específicamente: talla, color, etcétera. Efectivamente, él entró a la tienda departamental directo al sitio justo. Yo me detuve en todas las ofertas, toqué todas las telas, olí todos los perfumes, me probé cualquier cosa para finalmente llegar a la ropa interior. Por supuesto, mi consorte estaba muy molesto cuando llegué a aquel punto que supuestamente era urgentísimo para mí. Íbamos por algo urgente y yo estaba paseando por allí en lugar de buscar lo que necesitaba. Las mujeres disfrutamos de esas excursiones para solventar una situación, los caballeros disfrutan el logro. Para nosotras es más importante el disfrute del proceso que el logro del objetivo.

La frecuencia versus la cantidad es un punto de honor para las damas. Léase "***el detalle***". Un joven amigo mío cuya novia se quejaba de él por falta de detalles, me comentaba que ella nunca estaba satisfecha. Al preguntarle lo que hacía me dijo que le obsequiaba joyas o paseos. Cuando le pregunté con qué frecuencia me respondió que en sus aniversarios. Yo le respondí "error garrafal". Las mujeres necesitamos frecuencia (por supuesto, si a la frecuencia se le suma calidad y cantidad mucho mejor). Una mujer puede sentirse más apreciada con un detallito diario que con un detallazo una vez al año. Para nosotras las damas, es básico sentir que nos tratan bien, especialmente si el caballero busca un acercamiento sexual posteriormente. De lo contrario, ese hombre tendrá a su lado un cadáver (debido a la falta de reacción) o se irá a la cama con una caja de resentimientos (que sólo cumplirá con los "deberes" de pareja). Inmediatamente después de una pelea a una mujer le costará tener intimidad sexual a un hombre no. Por eso la etapa inicial del cortejo amoroso, el preámbulo a la intimidad y el abracito después del encuentro sexual es sumamente importante como muestra de amor. De allí la famosa pregunta femenina: "¿Tú me quieres, gordo?", justo después del encuentro. Cualquier forma de afecto para el acercamiento es importante para las féminas. Mientras que para el hombre cualquier contacto pasa necesariamente por la sexualidad, biológicamente como revisaremos más adelante en su cerebrito él tiene más centros de respuesta de esta índole —cariñosamente hablando. La frecuencia es más importante que la cantidad en cuanto a demostraciones de afecto se refiere.

Las damas somos una maravilla para agrupar ***información sin categorías*** o grados de importancia, pero todavía más para analizarla y relacionarla. Nosotras podemos tejer en ganchillo o en dos agujas la información y darle contenido emocional produciendo un suéter o una chamarra. Por eso es que muchas mujeres dicen que intuyen lo que puede estar sucediendo en una situación de pareja, familiar, laboral, escolar... de lo que sea. Podemos ser tan buenas en estas lides que le podríamos pedir trabajo de investigación policiaca al cuerpo de CSI Las Vegas, la serie de televisión de detectives forenses. Si, por ejemplo, nos encontramos un cabello en el traje de nuestra pareja, rápidamente —sólo con inspeccionarlo— sabemos el número de tinte, la casa comercial, la edad de la dueña del cabello, la raza, la condición económica-social (claro, por la calidad del champú utilizado) y otros detallitos más. Para nosotras todo puede relacionarse. Mi mamá tenía un dicho sobre este tema: *no busque sino quiere encontrar.*

Las féminas tenemos ***dificultad para diferenciar*** las dimensiones de un asunto, ya que siempre incorporamos lo emocional. Por ejemplo, si nos llaman la atención porque algo no está bien hecho, por lo general entendemos que la retroalimentación es sobre nosotras y no del asunto. Es decir, que nos están criticando, todo nos lo tomamos personal. Pregúntele a su pareja o a sus hijos para que tenga ejemplos más claros. Tuve una compañera de trabajo que luego de una evaluación de desempeño, me comentó que nuestro jefe la odiaba a muerte. Cuando le pregunté en qué basaba su afirmación me respondió que no había logrado los objetivos propuestos para un proyecto. Insistí que si abiertamente le había dicho lo de su animadversión hacia ella a lo que me respondió: *¿y quieres más pruebas?* Insisto, tomarnos las cosas o comentarios de manera personal puede afectarnos mucho. Nos cuesta diferenciar las dimensiones en un mismo asunto.

Hay otro tema culturalmente muy femenino: ***Si no lo hago yo, nadie lo hace.*** Pero si otro lo hace... lo criticamos. Nos agotamos pero no dejamos de hacerlo y nos quejamos. ¿Quién nos comprende? Le escuchaba a una consultante que su esposo no tenía iniciativa para nada y quería separarse ya que estaba cansada de esa situación. Ella llevaba todo en el hogar. Cuando le pregunté qué pasaba en las oportunidades en las que su esposo tomaba decisiones, me respondió que siempre había una discusión pues todo lo hacía mal y ella debía encargarse de resolverlo. Es decir, se quejaba porque no lo hacía pero cuando realizaba algo, ella lo criticaba. Esto es muy común en cualquier edad femenina, y después nos lamentamos cuando el caballero se busca a alguien ¡más divertida que nosotras! Por supuesto, este hecho nos entristece y puede hacernos llorar amargamente. En pleno llanto queremos que nos abracen para mitigar la tristeza, pero les tengo una mala noticia: Estudios recientes en los EEUU han comprobado que las lágrimas producen huida y no acercamiento en los hombres. Ellas pueden ser la causa de la imposibilidad de seguir una conversación. Así que si usted usa los cristales húmedamente salados como forma de captar la atención (¿manipulación?) piénselo dos veces antes de utilizar ese ardid ya que es poco efectivo, psicológicamente hablando.

El manejo del ***tiempo femenino*** también es un tema cultural. Nos cuesta darnos tiempo o espacio y si lo hacemos nos sentimos culpables. Una vez, hace más de 20 años, visitó Caracas un especialista en PNL, cuando el enfoque no era popularmente conocido. Yo motivadísima me inscribí en el curso del fin de semana. ¿Qué creen que pasó? Estuve todo el tiempo pensando en qué estarían haciendo mis hijos sin mí durante esos dos días. Fui incapaz de disfrutar la experiencia de aprendizaje. Además, me endosé diez kilos de sentimiento de culpa por sentirme mala madre. Otras mujeres pueden sentirse no merecedoras de tiempo para descansar o para disfrutar. Mi moraleja, desde ese momento, es *El tiempo pasa lo disfrutes o no*. Sobre este mismo tema del tiempo hay otra vertiente femenina: el uso del tiempo, ocioso. Mi mamá decía que no había algo más peligroso que mujer sin oficio... porque sólo pensaba en tonterías. Ella decía que las mujeres creábamos durante el día películas en nuestras cabezas y cuando llegaba el ser amado, en cualquiera de sus presentaciones, respondíamos a la realidad de acuerdo a cómo habíamos pensado durante el día. Para aclararlo, una dama se la pasa pensando todo el día en que su pareja está en el trabajo rodeado de jóvenes y atractivas colegas, cuando llega el señor a casa lo recibe con reclamos o amargura. Su pensamiento tormentoso se convierte en una respuesta tormentosa, muy probablemente ajena a la realidad.

Las damas ***apreciamos la compañía*** del otro cuando nos sentimos mal. Ese otro puede ser cualquiera pero preferiblemente nuestro príncipe o persona especial. La intención es compartir lo que nos pasa. Los hombres no son así (generalmente), ellos necesitan soledad para pensar y por eso infieren que a las mujeres también nos gusta eso. Entonces, cuando nos ven mal nos dejan solas y *¡zas!* se arma el zafarrancho. En consecuencia, pensamos que ya no les interesamos, y ellos pueden pensar que nos tocó un rayo o sufrimos del efecto de la luna del cual hablaré más adelante en este antimanual.

La vida como esparcimiento versus la vida como aburrimiento. A diferencia de las damas, los hombres juegan toda la vida: con carros, a la pelota, diferentes deportes, a las cartas, al dominó, a lo que sea. Las mujeres dejamos de jugar cuando cambian nuestros intereses de niñas. Pasamos de jugar a la comidita a cocinar para la familia, aburriéndonos de ese deber, dejamos de jugar a la escuelita para fastidiarnos de hacer la tarea con los niños, vamos perdiendo ese placer. Los hombres no, de hecho hasta el acercamiento sexual podría llegar a ser un juego. Los hombres pasan horas viendo el canal deportivo haciéndose dueños del control del televisor. Para nosotras eso puede ser una gran causa de aburrimiento. Eso no significa que no podamos ir al estadio a ver un juego o a festejar el triunfo de nuestro equipo, pero no es una pasión que mueva nuestras vidas.

¿Para qué sirve entender lo cultural? Simplemente porque hay una manera de enfrentar el mundo femenino y de abordar las situaciones. No están escritas con sangre ni en piedra, pero nos hacen más predecibles. Las mujeres tendemos a ser más cualitativas, afectivas, idealistas, quejonas y sufridas. *En general,* el hombre es más cuantitativo, objetivo, realista, avanza en la vida, vive y olvida; puede darle la vuelta a la página de un evento, pide perdón y ya, se ahorra el sufrimiento. Las mujeres nos quedamos enchufadas en el mismo evento por los siglos de los siglos.

Corolario Cultural 1: Tanto mujeres como hombres tenemos las mismas necesidades de afecto, confianza, autoestima y aspiramos a tener vidas plenas y felices. Esto implica que nadie elige a otra persona si no existe algún tipo de conexión. Por lo general, cuando la experiencia emocional de los años mozos no ha sido buena, la elección de las relaciones tiene grandes probabilidades de estar llena de contratiempos y frustraciones. Esto no lo explican los manuales que leí, para ellos todos somos iguales.

COROLARIO CULTURAL 2: Aunque digan que el que no oye consejos no llega a viejo, o vieja en nuestro caso, nadie aprende por experiencia ajena. Seguir el consejo de una conejita de *Play Boy* siendo usted modosita y activista religiosa, resultará un poco complicado. Un consejo dado bajo la racionalidad femenina para solventar una situación masculina tiene bastantes probabilidades de ser ineficaz.

La neurociencia: ¡Ah! Ahora se entiende la situación

¿Cuál es la importancia de la neurociencia en el tema de las diosas o las brujas? Pues muy simple. Yo por mi propia cuenta pensé toda la vida —tomando como base las revistas y manuales consultados, alias mis oráculos— que la perfección existía, que las situaciones se podían manipular, que se podía engañar a los venaditos que nos rodean llámense pareja, familia, compañeros de trabajo, etcétera. Todo en nombre de la felicidad.

Lo que yo no sabía era que hay explicaciones para el comportamiento masculino y para el femenino. Una silla es una silla aunque le serruche el respaldo. Ningún conjuro mágico puede contra la biología, contra nuestra esencia. Por supuesto, nada es blanco y negro... hay matices de gris. Muchas damas se preguntan por qué los caballeros actúan como actúan, por qué pueden ser infieles, por qué no hablan más, por qué, por qué, por qué. Pues bien, eso tiene una razón... es nuestra naturaleza, es de lo que estamos hechos lo que puede ayudarnos a entendernos mejor sin esperar que una solución estandarizada nos ayude a preservar la cordura y la felicidad.

De este enfoque biológico hay montones de explicaciones de todos los países, tendencias, colores y sabores. Lo bueno es que hay bastante uniformidad en cuanto a información se refiere. Me sorprendió saber, basándome en los trabajos de la doctora Louanne Brizendine (2006), que muchos de los estudios sobre el cerebro y sus funciones se hacían en hombres y no en mujeres. ¿La razón? Muy sencillo, las mujeres somos muy vulnerables en el periodo premenstrual, en el menstrual, durante la ovulación, luego del parto, durante el parto, en la perimenopausia, durante la menopausia y después de la menopausia. Por lo que era complicado realizar los estudios (¡no sé realmente por qué!) debido a la *complejidad* femenina. Más recientemente, en la década pasada, se comenzaron a utilizar féminas para los grupos experimentales y de control. En mi versión de los hechos trataré de simplificar el enfoque científico.

Hablaremos de dos grupos bien diferenciados: las XX (mujeres) son diferentes a los XY (hombres) por disposición biológica. Hay estudios que afirman que la estructura y el funcionamiento del cerebro son diferentes en hombres y en mujeres, por ejemplo, los de la doctora Brizendine, mencionada líneas arriba. Por lo que eso de buscar la media naranja no es tan fácil pues entre ambos sexos hay más diferencias que similitudes, lo importante en todo caso es la complementariedad. Esta información nunca la encontré en las explicaciones de *Cosmopolitan* a través de sus *test*.

El cerebro de los hombres y de las mujeres funciona de manera diferente, eso lo podemos observar desde que somos niños. Sólo hay que revisar los salones de clases, los patios de recreos, las piñatas, las reuniones familiares. No sólo es un asunto de cultura, el cerebro funciona de manera diferente en lo que a géneros se refiere. Los impulsos cerebrales han demostrado ser innatos y tienen plasticidad, lo que hace que vayan cambiando biológicamente a través de los años. ¿Un ejemplo? Si en un juego a las niñitas nos dan un camión en lugar de una muñeca, buscaremos arrullar al camión, bañarlo, cambiarle los pañales, darle biberón y ponerlo en una cunita para que se duerma. No estoy inventando, mi hija lo hacía. Nuestro cerebro determina la forma como apreciamos, sentimos y valoramos, y es muy diferente entre ambos géneros. Eso afecta la forma como conceptualizamos el mundo, desde cómo percibimos una comida hasta cómo nos acercamos o alejamos de una persona objeto de nuestro afecto.

Hasta la década de los ochenta se pensaba que las características de los géneros estaban dictaminadas solamente por la cultura, sin embargo, científicos (como la doctora mencionada) han demostrado que hacia la semana dieciocho del feto ya las diferencias entre sexos se han formado en nuestros cerebros. Los jugadores del equipo masculino habrán desarrollado centros de agresión, de impulso sexual, mientras que las jugadoras del femenino tendrán grandes centros de comunicación. ¡Por eso las mujeres hablamos más y los hombres menos! Puedo recordar claramente que, si comparo a mis dos hijos, mi primogénito era casi mudo, a pesar de que estaba dentro de los parámetros normales de su desarrollo cognitivo, físico y emocional. Cuando nació mi hija a quien le lleva dieciocho meses, ésta no había cumplido el año cuando ya hablaba como una lorita y le conversaba a su hermano hasta el cansancio.

A pesar de que las tablas estandarizan los comportamientos en el desarrollo del niño sano, hasta ahora se sabe que los bebés de sexo masculino tienen intereses diferentes a los del sexo femenino. Los varoncitos se fijan en los colores, formas de los objetos, ¡ojo! eso sigue de adultos (¿por eso el placer de ver pornografía?). Sólo hay que salir a la calle y ver las miradas de los hombres siguiendo traseros y delanteros femeninos. Las niñas desde el primer momento buscan el contacto visual, leen las caras de sus interlocutores y sus reacciones, categorizan los tonos de voz. Las féminas aprendemos la aprobación o rechazo social desde muy pequeñitas. No nos debería impresionar o sorprender entonces que mujeres hechas y derechas busquen caras de aprobación en seres del sexo opuesto, de esos galanes duros de matar, esos que las vejan o simplemente las ignoran. Esta tendencia es muy fuerte en el periodo de la adolescencia pero puede estar vigente hasta bastante entrados los años. Las mujeres siempre buscamos o *leemos* caras de aprobación y desaprobación en otros. Es nuestra naturaleza, es nuestro cerebro funcionando, lo que los neurocientíficos de hoy llaman *capacidad de observación* y nosotras ingenuamente llamamos sexto sentido (¡no *Sexo Sentido*! Ese es el de Luis Fernández, el actor venezolano). Así, podemos encontrar la razón por la cual detectamos fácilmente una cara de mentira (de nuestra pareja o enamorado, por ejemplo). En los niños varones se desarrolla más tardíamente esa observación, uno o dos años después en comparación al género opuesto... incluso, algunos hombres no llegan a desarrollarlo (¡oh, sorpresa!).

El hecho mismo de que las mujeres no tengamos un cromosoma Y sino dos XX ya nos hace diferentes, estructuralmente. Procesamos la información espacial y resolvemos problemas de manera totalmente diferente. Nuestros cerebros ven, escuchan, intuyen y gatillan conductas de formas distintas. En principio nuestros cerebros se parecen físicamente, sin embargo, ambos logran objetivos y tareas utilizando diferentes circuitos. Ante el mismo problema o situación de investigación, los hombres y las mujeres abordan el tema de manera diferente aunque lleguen al mismo resultado. Lo digo con base, he sido profesora de métodos de investigación en pregrado y posgrado. Me sorprendo todos los días.

Las mujeres, para mala suerte de los hombres, tenemos memoria emocional de larga data, por eso podemos traer a la palestra un evento que sucedió hace diez años y comenzar con el mismo sentimiento la discusión que se sostuvo en aquel tiempo. Tengo una amiga que comentó que su memoria es como los relatos de la cultura Maya guardados en trozos de tela atados *ad infinitum*. Tiene rollos y rollos de cuerda (memorias); cuando su esposo le dice algo... ella saca kilómetros de reclamos. Los hombres, en cambio, tienen una memoria espacial más rápida, saben donde están los abrochadores del brasier, no importa el modelo ni la talla, pueden llegar allí rapidito. Las mujeres utilizamos los dos hemisferios para solucionar, los hombres utilizan uno solo. En pruebas de tiempo controlado ellos responderán más rápido que ellas (¿por eso será lo del brasier?). Conducir de reversa y estacionarse de la misma manera también es un buen ejemplo para explicar este punto.

Los hombres tienen desarrollado el instinto sexual en varios centros del cerebro, con proporciones mayores que las mujeres, también son mayores sus centros de acción muscular, agresión, apareamiento, protección y defensa territorial. Para el hombre los rangos y jerarquías son muy importantes. Ante un problema, el hombre utilizará su estructura analítica —no la emocional— para resolver, le gusta competir e instintivamente le gustan los juegos rudos. Toda su vida jugará.

Siempre nos preguntamos qué es lo que *queremos* las mujeres o qué es lo que *quieren* los hombres; queremos entender por qué las relaciones pueden ser tan tortuosas. **Siempre** responderemos con expectativas, nunca llegamos al núcleo del asunto. Somos anecdóticas o históricas y en algunos casos, histéricas. Ambos sexos aprendemos desde niños lo que socialmente es aceptable, independientemente de nuestras necesidades y deseos reales. La frase lapidaria con la que terminan algunas relaciones: *No eres tú, soy yo* no es un chiste, es realidad. Así que en una sociedad de machos machotes, ¿qué podemos esperar? Por lo menos una buena dosis de sufrimiento femenino al mejor estilo del tango o de la ranchera pasando por el bolero o de Paquita la del Barrio. ¿Ejemplos icónicos? Las heroínas de las telenovelas: Abigail, Topacio, Ligia Elena... las más jóvenes pregúnteles a sus abuelitas por favor o para más rapidez ¡vuelvan a googlear!

¿Diosa o Bruja?

Sin afán de hacer de este segmento un discurso elaborado sobre ciencia, voy explicar para poder entender de dónde vienen ciertos eventos y sufrimientos que las mujeres experimentamos cotidianamente. Para comprender cómo ambos sexos abordan las situaciones, nos ayudará recordar la organización y funcionamiento del cerebro. El cerebro tiene dos hemisferios (no el del norte y el del sur, sino el diestro y el siniestro). Algunas de las funciones importantes del hemisferio izquierdo son el habla, la lectura y la escritura. El hemisferio derecho tiene a su cargo la percepción, el desarrollo espacial, la creatividad, la capacidad musical.

La mujer tiene un mayor número de conexiones dendríticas y por tanto tiene más materia gris (¿un halago?). En el hombre, los axones de las neuronas son más largos y por lo tanto tienen más materia blanca. Esto pudiera explicar las habilidades verbales de la mujer en comparación con su desempeño en tareas especiales. Cuando el hombre debe resolver la actividad cerebral, hace que los hemisferios trabajen en forma separada. La mujer utiliza los dos hemisferios simultáneamente; por esta razón puede tener un pensamiento más integral u holístico.

Para explicar lo anterior, me gusta utilizar el siguiente ejemplo en mis clases, aunque mis congéneres se puedan molestar. Me disculpo de antemano si parezco sexista. El hombre puede separar sus pensamientos en gavetas o compartimientos distintos: gaveta esposa, gaveta trabajo, gaveta hijos, gaveta amante, gaveta vacía, gaveta control del televisor, gaveta sexo, gaveta deportes, gaveta amigos. Cuando tiene una de esas gavetas abierta, cuando está explorando o manejándola, todas las demás permanecen cerradas. Si está concentrado en un juego de béisbol... ni porque pase una mujer en paños menores logrará sacarlo de su enfoque (a menos de que se active uno de los centros de actividad sexual). Si está en su trabajo (tiene esa gaveta abierta) y la dama (llámese pareja o mamá) lo llama, él puede ser cortante y quiere finalizar rápido pues su atención está centrada en el contenido de esa gaveta. Eso no lo entiende una mujer y podría sentirse rechazada.

Las damas pensamos en forma de baúl, tenemos todo revuelto en el fondo, es decir, como una versión biológica de nuestros bolsos donde cabe desde polvo facial hasta guías telefónicas de la ciudad de México. Aunque queramos separarlo, se confunden los artículos, unos se montan sobre otros, algunos se ruedan. Podemos pensar mientras estamos en la oficina sobre lo que hay en nuestros refrigeradores, en los niños que están en la escuela, en nuestra pareja, en esa conversación que tenemos pendiente con nuestro jefe, en eso que pasó hace varios años que nos dejó tristes, en la lista del mercado, en todos los pendientes, incluso durante la intimidad podemos estar pensando que no tenemos qué ponernos mañana para la oficina o que la toalla del baño está sucia. Por eso digo yo, podemos sacar cosas del pasado al presente con tanta facilidad, cosa que ellos no entienden *¡si ya pasó!* Es la memoria emocional de larga data en acción.

Sigamos con el cerebro; aparte de los hemisferios tenemos cuatro lóbulos: frontal, parietal, temporal y occipital. El frontal se encarga de la voluntad, de la toma de decisiones, la responsabilidad, la motivación, del deseo de aprender. En la mujer este lóbulo madura casi cuatro años antes que en el hombre. Por esta razón a las adolescentes les gustan los jóvenes mayores que ellas. (Aclaración: a las Cougars se les averió un poco el lóbulo frontal). También, esto explica por qué las niñas en el salón de clases *generalmente* son más atentas y realizan todas sus actividades a diferencia de los varones que son más distraídos e inquietos, por supuesto hay honrosas excepciones. Esto nos permite entender las razones por las cuales una joven está tempranamente lista para ser madre y asumir esa responsabilidad mientras que a un hombre le cuesta más estar listo para formar un hogar. Aquí hay que decir que muchas personas creen que hay una influencia de los medios de comunicación, y definitivamente la hay; sin embargo, ahora sabemos gracias a todo lo arrojado por la epigenética que si nos paseamos por culturas africanas e indígenas que no tienen televisión por cable ni por satélite, tampoco Facebook ni Twitter, encontramos que las jóvenes a cierta edad se estiran el cuello con anillos, se hacen marcas en la cara o se hacen tatuajes para ser más atractivas al sexo masculino, mostrando su entrada a la vida reproductiva. Esos han sido comportamientos ancestrales, por ejemplo, las etnias venezolanas indígenas llevan a cabo rituales de acicalamiento femenino al llegar la pubertad. Las mujeres estamos con las baterías bien puestas desde pequeñitas, aunque tendamos a culpar a los muchachitos grandes y menos grandes.

¿Has escuchado alguna vez las frases *enloquecer de amor, ser arrastrado por la pasión, morir del sufrimiento, sentir frenesí?*, si su respuesta es negativa nunca ha escuchado una ranchera, un tango, ni un bolero, tampoco una balada. Igualito aquí va la explicación: el sistema límbico controla la vida afectiva de las personas y almacena información en la memoria. Regula estados emocionales como la ansiedad, el estrés y el miedo. Allí se ubican la amígdala, el hipocampo y el hipotálamo. Es gracias a la amígdala que una mujer de 17 años puede explicar con lujo de detalle y sin dificultad sus emociones. A un varón de 17, 40, 60 o más años, le costará más expresarse afectivamente, ¡es por eso que no te habla mijita! Nosotras necesitamos hablar del conflicto, de lo que nos pasa, de lo que sentimos, por eso la famosa frase *tenemos que hablar,* ante la cual ellos huyen despavoridamente. Ellos hablarán del conflicto sólo cuando lo tienen resuelto. La mujer recibe la información a través de la audición y la sensación, necesita escuchar y sentir, por eso es que pregunta: *¿tú me quieres, gordo?* o necesita un abracito para sentirse querida, tiene la necesidad de escuchar que es amada. Los hombres procesan la información a través de la vista, les gusta ver. Esa es la razón del éxito de las páginas centrales de *Play Boy.*

¿Cuál es la razón por la cual he mencionado todo esto que parece tan complejo? Porque aunque vivimos las mismas situaciones hay una tendencia natural a responder de maneras diferentes. Mencionaré algunos ejemplos concretos:

En la mujer	En el hombre	En conjunto
Cuando habla utiliza unas ***8000*** palabras diarias y exterioriza ***sentimientos***.	Cuando habla usa unas ***3000*** palabras diarias, expresa ***pensamientos***.	Ésta es la razón por la cual un hombre le pide a una mujer que resuma o que vaya directo al grano. La mujer se sentirá ofendida porque no la entiende.
Pueden hacer ***varias*** cosas a la vez.	Se focaliza en ***una sola*** tarea.	Mientras maneja, la mujer puede estar aplicándose mascarilla, escuchando la radio, hablando por teléfono. Mientras, por ejemplo, el hombre está escribiendo se molesta si lo interrumpe.
Ejecuta la acción ***sin*** importar orden y jerarquía del pensamiento.	Organiza y jerarquiza pensamientos antes de realizar una acción.	La mujer actúa y después piensa "hubiese hecho esto y esto mejor". El hombre lo calcula mejor y mide sus pasos.

Interacciona ***cara a cara*** para dialogar.	Interacciona ***hombro a hombro*** a través de una actividad.	La mujer necesita expresar lo que siente. Cada vez que le dice a su pareja, jefe o hijo "tenemos que hablar", el representante del otro género tiembla. El hombre a través de una actividad comenta a sus congéneres lo que le está pasando, o está pensando.
Busca acercamiento físico para satisfacer ***deseo emocional***.	Busca acercamiento físico para satisfacer un ***deseo carnal***.	Una mujer puede necesitar sólo que el hombre la abrace para sentirse bien. Eso un hombre no lo entiende. Para él, el acercamiento debería terminar en sexo.
Primero satisfacción emocional luego sexual.	Primero satisfacción sexual, luego emocional.	Por lo general, la mujer se engancha emocionalmente para poder ir a la cama. Debe haber por lo menos un gusto por la otra persona. Incluso aunque pueda decir que no se va a enamorar, sí lo hace. El hombre puede enamorarse luego de mucho sexo.

Amor exclusivo y posesivo. Tendencia a la ***monogamia***.	No hay exclusividad en pensamiento y acción. Tendencia a la ***poligamia***.	La mujer se entrega, aún a su amante, en alma, vida y corazón. En este caso hasta se sentirá infiel si está con su esposo. Sólo ve a través de los ojos de su amado. El hombre puede estar enamorado de varias mujeres a la vez; aun cuando diga que su esposa es una bruja que lo hace sufrir. Estará con ella y con otras más. Hay espacio en su corazón para todas.

Todas las situaciones de vida son ***procesos*** *y como tales se trabajan. Se enfocan en el trayecto.*	Todas las situaciones de vida son ***objetivos*** *y como tales se trabajan. Se enfocan en la llegada.*	La mujer cuando se plantea una tarea no solamente la hace sino que disfruta el recorrido, el hombre va directo al objetivo. Una mujer cuando va a comprar un brasier se detiene, ve otras cosas, revisa el sector de cosméticos, busca las rebajas en la ropa y luego va a ver la lencería. Si se puede tomar fotos en el medio y hacer una merienda también eso entrará en la búsqueda del brasier. El hombre si va a acompañarnos siente que mientras más nos dispersamos de esa compra más lo alejamos del objetivo planteado.

Lo antes expuesto nos sirve solamente para entender que debido a nuestras diferencias nos acercamos a las situaciones de manera distinta, aun siendo la misma situación. Las mujeres ante un "dolor de corazón" podemos quedarnos pegadas allí recordando los detalles y nos tomará tiempo recuperarnos de esa herida, tratando de sacarlo lo conversamos. Entramos en "duelo". El hombre no entenderá por qué no lo hemos superado y le fastidia, a veces le teme a **esa** necesidad de dialogar sobre ese tema. A lo mejor esto es parte de la máxima popular: *las mujeres perdonan pero no olvidan*. La visión cultural de acuerdo a lo revisado tiene una explicación biológica de acuerdo a lo presentado. Es decir, hay una razón biológica para nuestros actos culturales. Aunque quisiéramos seguir un manual para lograr algo específico como *hacerle cambiar una actitud* hay una respuesta biológica que dictamina un comportamiento.

Corolario Biológico 1: Ahora entenderemos por qué las féminas tienen tan mala fama, empezando por Eva la de Adán; Lilith, la precursora del Viagra, en el paraíso terrenal; Pandora, la de la caja famosa; Doña Bárbara, la tirana; Yoko Ono, la malandra que separó a los Beatles; Margareth Thatcher, la de los pantalones de hierro. Las conductas biológicas mencionadas nos hacen predecibles, y como dice mi amigo Pancho… los hombres saben cuando decir lo que las mujeres quieren escuchar. Esto aplica a todas las situaciones, no solamente a aquellas que implican sexo. Es nuestra naturaleza ¿diosa o bruja?

Corolario Biológico 2: Ningún manual por caro o sofisticado que sea puede con la biología, por ahora. No insista.

Espejito, espejito: cómo construir el terrorismo personal

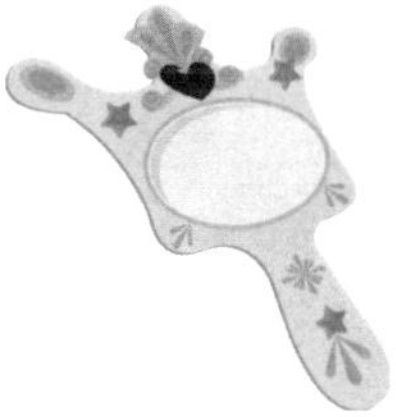

> A las mujeres no hay que
> entenderlas, sólo quererlas
>
> DICHO POPULAR

Hay muchas formas de terrorismo mental o autoinducido y las mujeres somos especialistas en esas lides, aunque no debe generalizarse. El terrorismo mental, de acuerdo a mi visión personal, es la forma como nos atacamos sin piedad cada vez que podemos. Los temas pueden ser amplios y variados: pueden ir desde cómo nos vemos en el espejo hasta atormentarnos al pensar qué vamos a hacer con una relación específica. El exponente principal de esta técnica femenina es Carrie Bradshaw, la protagonista principal de *Sex and the City*. Yo nunca vi la serie televisiva. Mentiras, creo que la vi unas dos veces pero no me enganchó. Sin embargo, en una de las visitas a mi hija —que comparte mi gusto por el cine—, vi la primera y, por supuesto, la segunda película de la saga con la excusa de que me gustaba el vestuario (¡ujúm!). Mi sorpresa no sólo fue ver, escuchar y tratar de entender la posición de la dama en cuestión. Para mí lo sorprendente fue ver la cantidad de mujeres que se sentían identificadas con las protagonistas. ¿A qué me refiero por sorpresa? Muy simple, las dramáticas no somos nada más las latinas. La doctora Brizandine, con el tema del cerebro, está en lo cierto (te invito a leer lo de las neurociencias que escribí en páginas anteriores). Es decir, mi mamá que lloraba al son que tocaba Libertad Lamarque, hacía lo mismo que las jóvenes de hoy en día pero con otro ícono de la cinemateca universal. Es decir, nos identificamos con los temas que nos afectan a todas sin importar de dónde vengamos. Las mujeres pensamos como miembros de un club, nos solidarizamos con aquella que sufre lo mismo que nosotras.

Pero sigamos con Carrie Bradshaw. El personaje en cuestión, cuando llegaba por fin a lo que ella se había trazado como meta para ser feliz (en la primera película: casarse con Big, y en la segunda: mantener su amor con él a pesar del aparato de televisión en la habitación) ¿qué hacía? Se elaboraba un discursito mental negativo totalmente terrorista. Pasaba de pensar en lo que *parecía* ser una situación a lo que realmente *era* la situación. En otras palabras: se imaginaba lo que él se podía estar imaginando (enfatizo ***imaginando***) en contraposición a lo que realmente pasaba. Esto es una eterna ocurrencia femenina: proyectarnos, nos hacemos nuestra propia película. ¿Lo digo yo porque soy una genialidad? No, si fuese así me hubiese ahorrado bastantes sufrimientos. Lo digo porque lo veo en mis consultas diarias, en mi familia, en la calle, en el salón de belleza, en mis amistades, en las películas que evocan temas universales, en las series que pasan por televisión por cable.

El mundo que me han pintado como ideal los oráculos de los cuales hemos hablado desde que usted comenzó a leer este libro, ***yo*** nunca lo he encontrado... no sé si ustedes. Eso no implica que exista un porcentaje de féminas que vivan en un mundo casi perfecto como el del Dalai Lama, que es factible también. Este discurso terrorista, adelantador de catástrofes, negativo, inquietante, se puede dar con cualquier personaje que se nos atraviese por en medio. Puede ser pareja, padres, hijos, amigos, profesores, jefes, el vendedor del supermercado, el mecánico. Por supuesto, mientras más cercanos afectivamente estemos al personaje principal del film más intensa y elaborada será la trama o suposición.

El síndrome Carrie Bradshaw o terrorismo mental al cual me refiero, no sólo puede traernos noches insomnes, problemas laborales, tristezas profundas, incertidumbre, temores, llantos desesperados, accidentes o situaciones embarazosas. Este mismo síndrome en paralelo trabaja directamente sobre la bioquímica de nuestro cuerpo. Al dejar que nuestra imaginación salvaje nos arrastre, malvivimos pues pasamos de excitación a excitación... y no de las buenas. Esto lo han llamado los estudiosos: "déficit de deleite". Un 10% es lo que nos pasa y 90% es lo que hacemos con lo que nos pasa. Está comprobado que las emociones modifican nuestra capacidad y respuesta inmunológicas. Por eso no es de extrañar que cuando estamos tristes o deprimidas caigamos en gripes, neuritis intercostales, dolores indefinidos, herpes, entre algunas otras dolencias. Las angustias, los miedos, la incertidumbre, el abatimiento, la hipersensibilidad, la soledad, la excesiva preocupación por el bienestar de los demás, la rabia, el resentimiento, la culpa, el amar sin ser correspondida cada una de ella tiene su propia bioquímica en nuestro cuerpo y son venenosas. Nuestra salud no es un estado, es un proceso y nuestro adelantamiento de catástrofes puede afectarla directamente. No es de extrañar que en *La Dama de las Camelias* de Alejandro Dumas a la joven Margarita Gautier se le acelerara la tisis (tuberculosis para las más jóvenes) con tanto sufrimiento.

Para ilustrar el tema del terrorismo autoinducido, me gustaría compartir dos conversaciones femeninas y sus subproductos emocionales. Hay muchas, pero como éstas son tan comunes he decidido explorarlas. Éstas son las conversaciones en encuentros cercanos del primer tipo (léase tratando de establecer una relación amorosa) y la de la terapia de reemplazo emocional (no hormonal) a través de la comida cuando algo no nos sale como lo imaginamos. Debo aclarar que si no se siente identificada, usted es de las afortunadas del selecto club del Dalai Lama... ¡Felicidades!

Hablaba con unas jóvenes y me decían que no entendían qué les pasaba al tratar de vincularse con el sexo opuesto. Contaban que al principio, ellas eran consideradas *realmente* amigas (¡amigo el ratón del queso!) y, a la hora de la verdad, las relaciones no se consolidaban. Un amigo canadiense me dijo lo mismo sobre lo difícil de encontrar a la mujer *correcta*. Acoto su gentilicio pues probablemente podemos creer que este trastorno emocional es tercermundista. Pues ¡no señor! Las emociones no tienen nacionalidad, ni edad, ni sexo, ni credo, ni religión, ni fecha en el calendario, ya lo he dicho aquí por lo menos una decena de veces... son irracionales aunque usted haya estudiado en La Sorbona, en Harvard, en el MIT, en la Autónoma de México o en la Simón Bolívar.

Comprender lo que una mujer quiere del sexo opuesto es más complicado que lograr la paz en el Medio Oriente. Los hombres son más *simples* y *sencillos*... van al grano normalmente, aunque también pueden encontrar fracaso en sus intentos. A mí se me ocurre, como ejercicio reflexivo, que ese momento previo al primer encuentro puede ser la luz verde del semáforo o la alarma de emergencias contra incendios. Concretamente... puede ser el momento de la verdad, una profecía anunciada. Ese primer encuentro es un coctel de química y conversación, es lo que dictamina si habrá una próxima vez. Todas pedimos la fórmula para ser hechiceras (no brujas) y que el otro caiga rendido locamente a nuestros pies (hay que hacerse la pedicura por si acaso). Se me ocurre plantearles algunas consideraciones personales basadas en lo que escucho de ellas y de ellos. Conforman un menú de los temas rompe idilio. Así que, estimada lectora, revise si esto alguna vez le ha ocurrido. Algún parecido con la realidad es pura coincidencia. Enfatizo: estos son **temas de conversación** mata pasiones o técnica de terrorismo autoinducido. Después no sabemos qué pasó que no volvió, o por qué me saca el cuerpo y me evita.

Discursos sobre el ex o la ex: si la historia es negativa usted será la víctima amargada de la telenovela, y si es positiva parecerá que usted todavía está sumergida en ese barranco. La cosa se pondrá peor si se le ocurre dar detalles de las características físicas del ex, de los sitios visitados o detalles específicos como "mi ex es el portero del Real Madrid" o "él es modelo de tangas brasileñas". Recuerde siempre cuál es el punto que quiere demostrar con el relato. ¿Para qué va a traer ese tema si nadie se lo ha pedido? ¿No ha escuchado que cuando hay santos nuevos los viejos no hacen milagros? Como dicen los auditores: "no aclare que oscurece".

Referencias sobre su caudal financiero: si tiene poquito o si tiene mucho en el banco, mejor es que se lo calle en este momento. Mejor es que cada uno lo descubra en su oportunidad. Ellos se asustan si creen que lo que ellas quieren es un millonario (tipo Carlos Slim) para la merienda, y ellas le huyen a cargar un bacalao a cuestas pues eso puede ser karma (como el hombre de la emulsión de Scott). Hacer alarde de lo que se tiene (o finge tener) puede atemorizar al otro.

La canción de Juan Luis Guerra (*y cada día que pasa yo me enamoro de ella, lalala*) es puro cuento.

Aquellos tiempos: eso se lo dejamos a Silvia Pinal, a Julio Iglesias, a Tom Jones, a Lupita Ferrer, a Don Francisco, del show de los sábados. Contar las peripecias de la coral del colegio, de Woodstock (aquí si se le cae la cédula de identidad), de los días gloriosamente alocados, de orgías, de parrandas, de borracheras celebres pueden ahuyentar al potencial venadito o dejarle la mandíbula en el suelo de la impresión. Mantenga su conversación en el aquí y el ahora, y sea "light" en cuentos del pasado; ya para eso habrá tiempo e interés. Si lo asusta: lo pierde.

Agenda personal: si usted es una apasionada del gobierno o las milicias comunicacionales, de los derechos de los animales, de la campaña contra el calentamiento global, ultra feminista *quemabrasieres*, o simplemente seguidora del sexo tántrico... por favorcito no trate de convencer a su potencial media naranja de ese interés. Si insiste en hacerlo no me pregunte porque no la llamaron al día siguiente, ¡se lo advertí!

Descripciones detalladas de su oficio o trabajo: sabemos que lo que hace tiene un valor importante en su vida pero contar a nivel de detalle su rutina laboral, o procesos de trabajo, puede ser un somnífero poderoso o un *matapasiones* fulminante. No cuente los pros y contras de Linux *vs* Windows, o de Vista en relación a 7, o cómo organiza las muestras de orina y heces en el laboratorio u apila meticulosamente las cajas de los inventarios. Eso es de mala suerte.

Problemas de salud: evite contar cuántas cirugías, yesos, hospitalizaciones, prótesis mamarias, erupciones, rotavirus, uñeros, vacunas y exámenes de sangre se ha hecho. A lo mejor fueron de rutina y sin mayor importancia, pero la persona que está a su lado puede pensar que usted es una bomba de tiempo, algo así como un arma biológica de las que usan contra Gaddafi en Libia; además, podría dar la impresión de que usted le mete al hipocondriaco con frenesí. Evite el éxtasis que pueden producirle sus historias de la H1N1 o del VPH. Si tiene una condición de vida dígala pero no en la primera cita, a lo mejor no hay química y es innecesario ventilar su privacidad.

Cantidades de citas en su balance personal: si usted reseña que está viendo (o ha visto) a múltiples personas, o que está es la primera salida en un montón de años, y encima cuenta detalles de los encuentros o desencuentros, va a generar diálogos mentales en la persona que tiene enfrente, que no lo van a dejar disfrutar de usted. Ejemplos: "¿y por qué si ha visto tantos me toca ahora a mí?, ¿será que el último loco le puso un vudú o un hizo un trabajo de brujería para que se merendará al próximo candidato?", o en el caso de la escasez: "¿qué le pasará a ésta que no levanta ni polvo? ¿Será que tiene una enfermedad mental o sufre de algo contagioso?" Como decía un amigo "¿si no vas a ganar nada, para qué lo cuentas?"

PRIMER COROLARIO ANTITERRORISMO: No hay fórmulas para interpretar al otro, tampoco hay fórmulas para los primeros encuentros. Después no digan que no se los dije. *Cosmopolitan* no es la biblia, ni *Penthouse* es el *Kama Sutra* ilustrado.

Otro tipo de terrorismo personal autoinducido es la terapia de reemplazo emocional, léase comer cuando se está triste o deprimida. Una joven me preguntaba las razones por las cuales ante un "dolor de corazón" o congoja, las mujeres íbamos directo a la pastelería o a la nevera a matar las penas del alma, merendando *alguito*. Es decir, algunas mujeres podemos ponernos como boyas de amarrar trasatlánticos mientras los hombres se ponen hermosos, algo así como la **injusticia** divina. Realmente no hay una respuesta simplista para esta interrogante. Ya hemos visto que hay diferencias entre ambos géneros, también maneras diversas de reaccionar ante los arrebatos emocionales. De nuevo, está comprobado que hay ***tendencias***. Ellos hacen ciertas cosas que nosotras no hacemos ante situaciones estresantes. Vamos a revisarlas, cada quien que saque su propia conclusión:

1. Ante la tristeza o el estrés ellos no ansían desesperadamente dulces (chocolates, galletas, bombones) como consuelo para matar el malestar

emocional, ¡no señor! Ellos buscan un buen trozo de carne. Al comer proteínas se doblega la gula y se controla naturalmente el metabolismo. Nosotras podemos adherir directamente los chocolates con empaque todo en las caderas o en la panza. Una mujer triste no come parrilla argentina, por lo general, busca alimentos que den confort: leche con chocolate, pastelitos, todo lo que nos evoque cariño (de mamá).

2. Ellos no se dejan afectar o trastornar por contratiempos. Nosotras, al buscar el ideal, la perfección, y no lograrlos, comenzamos con un *discursito* mental, evaluándonos, dándonos muy duro en la autoestima y llevando la resaca por varios días. Generalmente, los hombres evitan esos perfeccionismos, y si quieren que algo les salga bien y no sucede así, simplemente no se martirizan. Nosotras nos enchufamos en el llanto... ellos pasan la página. Otra vez, nuestro cerebro es diferente.
3. Ellos no utilizan la comida como terapia emocional, nosotras tenemos esa tendencia ya que estadísticamente caemos más en depresión que ellos (desde la adolescencia, ¿qué tal?). Luego de una "hartazón" (la cual implica que una se coma el mercado de un mes completo, incluyendo las bolsas, en menos de una semana), la mujer cae en una depresión mayor (¿y quién no?) y vuelve a usar la comida para consolarse. Un círculo vicioso. Es muy raro ver a un hombre haciendo filas interminables en un supermercado para

comprar una leche malteada o dulces de leche porque está triste.

4. Cuando un hombre está molesto busca alguna actividad física para disipar las emociones negativas. Clavará algo, hará una carrera (*jogging*), un buen golpe a alguien (¡caso extremo!), o actividad sexual (¡eso también!). Por el contrario, las mujeres vamos a buscar el paquete de galletas Oreo, y más vale que ni nos toquen o insinúen sexo, eso nos enoja más.
5. Cuando están molestos, los hombres toman tiempo para ellos; aunque a las mujeres les saque de quicio. Si quieren jugar golf, correr, andar en bicicleta, hablar con los amigos, encerrarse en la computadora, leer, ver todo el día el canal deportivo, se dan ese gusto. Las mujeres ante una crisis emocional lo que menos pensamos es en eso, aunque nos guste. Nosotras buscamos tomarnos un cafecito con los consabidos acompañantes (harinas, azúcar, golosinas) en los mejores casos, en otros casos el bote de dos litros de helado cumple su cometido como gratificación. A veces nos acompañamos, de paso, con otra persona del sexo femenino para hacer un dueto "feliz" y llorar nuestra pena en estéreo. La mejor amiga flaca que consuela a la que va en proceso de expansión.
6. La orientación de los hombres hacia la comida (y a otras cosas también) es simple y dirigida al placer. Por lo tanto en situaciones de *tragazón,* ellos

comerán un tercio menos que una mujer, aunque coman Doritos con guacamole o salchichas miniatura con salsa de coctel (ninguna mujer recurrirá a ***eso*** estando triste, ¡qué va!). Generalmente, la mujer se priva de ciertos alimentos para verse bella. Entonces, como consecuencia natural, cuando viene una contrariedad emocional se puede desbordar más fácilmente buscando la comida como apoyo.

Segundo corolario antiterrorismo: ¿Cuál es la moraleja para los dolores de corazón? Nuestra disposición de ánimo es tan importante como nuestra capacidad para enfrentar las situaciones emocionales y resolverlas. Preguntarnos antes de hacer un asalto tipo comando al refrigerador *¿qué puedo hacer **yo** por mí que nadie más puede hacer?* De repente nos sorprendemos y en lugar de llorar por él, comenzamos a reírnos de nosotras (¡entre otras múltiples opciones!).

El efecto de la luna llena ¿Vives en tu propio infierno o en tu propio cielo?

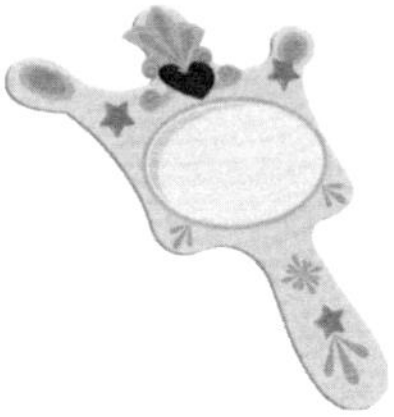

Ahora que lo pienso bien... pensé mal

GRAFITI REVELADOR EN UNA PARED DE SAN LUIS POTOSÍ, MÉXICO.

La mejor manera de relacionarme con el tema es usarme yo misma como ejemplo. He vivido algunos desamores. Por momentos, he pensado que estaba ante mi príncipe azul, el hombre perfecto y ¡zas! De repente me encontré con realidades que no eran las imaginadas, resultó que sabía las respuestas pero me habían cambiado las preguntas. Quedando así como pajarito en piso de cemento. He llorado, me he cuestionado el sucumbir ante mi propias incongruencias (o las de mi principito... no el de Saint Exupéry). Como muchas de mis congéneres ante la cruda realidad he asistido a sesiones interminables de amigas con buena oreja, hipnotizadores de PNL, psicólogos, psiquiatras para contar en intimidad lo que podía estar sintiendo (se los dije, no soy perfecta, ¡gracias a Dios!). Descarté en pensamiento las posibilidades de augurios con tarotistas, fengshuístas, hechiceras y sacerdotes exorcistas porque a mí me da susto y la racionalidad no me ayuda... aunque entiendo por amistades femeninas que esos sindicatos también son buenos escuchas. Mi propio cielo o mi propio infierno podría darse no sólo con la pareja o prospecto de pareja puede ser también con nuestros hijos, con nuestros padres con cualquier persona con la cual nos relacionamos en lo cotidiano. Así, tanto con los psiquiatras como con quirománticos, esto aplica para todos los personajes de nuestras vidas.

La pregunta aquí es ¿qué es lo que quiere una mujer? Eso nadie lo sabe... ni nosotras mismas. Cuando más o menos estamos claras, nos sentimos en el cielo, pero si nos sentimos mal vamos directo al barranco. Nos cuesta aclararnos, mezclamos sentimientos con realidades. Recuerdo que cuando trabajé en una gran corporación en mi país, había un compañero ejecutivo que estaba recientemente divorciado. Un día mientras estábamos almorzando en el comedor industrial me contó que se había sentido estafado por su ex esposa. Inmediatamente pensé que la dama en cuestión había sacado todo el provecho de la repartición de bienes conyugales. Cuando se explicó más claramente, entendí se refería que se había casado con una linda, tierna, delgada y cariñosa mujer, que no se molestaba por el desorden, sus pequeños detallitos, la forma cómo comía cuando eran novios y luego se había convertido en otro ser, hasta gorda se había puesto (no entendí lo de la estafa por sobrepeso pero no quise inmiscuirme en su abatimiento). Pensé que esto podía ser un caso aislado, autóctono, guiado por los cánones del concurso Miss Venezuela. Pero más recientemente en Costa Rica y en Canadá también escuché la misma historia con otros personajes, acentos y situación geográfica. No había duda... estaba ante la presencia del efecto de la luna llena. Ese fenómeno que nos puede transformar, hacernos infelices a nosotros y a otros. Me explicaré:

El efecto de luna llena: ¿quién es está demente?

El Hombre Lobo es una criatura legendaria sobre la cual se ha hablado y narrado en muchas culturas del mundo. Es un mito tan universal como el de los vampiros tipo Drácula, que ahora están en furor gracias a la saga de Twilight (Crepúsculo), esos espectros nocturnos modernos y bien parecidos de la farándula *Hollywoodense.*

Dicho personaje se transformaba por propia intención, o involuntariamente por una maldición, o por *efectos de la luna*. Nadie sabe con exactitud cuándo apareció esta *celebridad* en la alfombra roja de la humanidad; sin embargo, muchos humanos a través del curso de la historia, han tenido encuentros cercanos del primer tipo, han conocido a... *la mujer lobo* o a cualquier mujer *afectada por la luna.*

Debo aclarar a fines de unificar criterios, que no me refiero a la mujer lobo tipo Shakira, la cantante Colombiana, esa de la canción que ha generado muchas reacciones polémicas en varias generaciones.

Aquí me voy a referir a algunos rasgos de los licántropos que son extrapolables a nosotras las damas, que en algunas circunstancias hacen que nos sintamos en el cielo o en el infierno. No a las conductas primitivas o algo básicas que conllevan a una connotación exclusivamente sexual o de *mujerismo* (machismo pero al revés).

Esta fémina puede ser dulce, tierna, cariñosa, afable y encantadora en ciertas condiciones. Puede venir empacada como hermana, tía, sobrina, nieta, novia o esposa, compañera de trabajo, de estudios o hasta abuela. Sin embargo, durante cierto período no específico, se transforma en un ser irreconocible, debatiéndose entre ser engendro de pantera o demonio de Tasmania, gracias a diferentes factores como: la tensión premenstrual (TPM), ovulación, climaterio, perimenopausia, menopausia, depresión postparto o sencillamente por ganas de contrariar la paciencia ajena. Estas damas, jóvenes y no tan jóvenes, sufren enormemente a la hora de su metamorfosis. Lo que es peor, al transformarse pierden completamente la *conciencia humana* que las caracteriza convencionalmente y se vuelven peligrosas incluso para sus seres queridos.

Las doncellas en cuestión se desatan, metafóricamente hablando, y desarrollan súper poderes tales como escupir fuego, comer vidrio, quemar el piso mientras caminan, lanzar objetos contundentes o improperios, por supuesto estos son casos extremos. Pueden llorar sin razón aparente, tener arrebatos de gritos, tristezas sin fundamento, sufrimientos puntuales o padecer de cualquier cosa que las haga parecer totalmente irracionales. Eso confunde a todos los que las rodean, incluyendo a las de su misma especie. Tales conductas pueden mortificar sobre manera a sus compañeros de vida. Ellos probablemente piensan que fueron descubiertos por alguna oculta fechoría menor o mayor; en otros casos, ellos pueden sospechar que el objeto de su afecto (ellas) se están volviendo dementes; o simplemente, que la mujer fue poseída por el mitológico Plutón, el señor y dueño del subsótano terráqueo. Si ellos tratan de abrazarlas para consolarlas, ellas se molestan; si las ignoran, se molestan; si les hablan, se molestan, si no las "determinan" se molestan; si las critican, se molestan; si hastiados las abandonan, se molestan. No hay paz ni cordura posible con ellas. Muchos se sienten realmente estafados.

Los mitos urbanos rezan que si en una casa hay varias féminas y una de ellas ha sido tocada por *esa luna*, todas sus congéneres habitacionales se comportarán igualmente... si no que interroguen a mi primogénito. Yo siempre me he preguntado: si este astro fuese tan potente la cantidad de locas furibundas que habría en la calle en fase completa o llena sería inmanejable. Las fuerzas policiales no se darían abasto. Habría que encerrarse bajo llave en la casa, como Will Smith en la película *Soy Leyenda*. Recuerdo haberle escuchado a algún sabio masculino en algún momento que a las mujeres hay que amarlas sin tratar de comprenderlas. ¿Cómo habrán hecho Rómulo y Remo en Roma?

Corolario: Después de Eva, la de Adán —no la Perón—, se nos extravió el manual de instrucciones y la tutoría computarizada. No hay mal que dure cien años ni cuerpo que lo resista. Maltratar bajo excusa alguna no da dividendos.

Cuándo puede emerger el efecto de la luna llena

Los letrados dicen que a las mujeres nos afecta la luna en nuestros *días femeninos*, pero días femeninos son todos ¿o no? Leí también para esta investigación sobre la cual se basa este antimanual que muchos de los estudios sobre el cerebro se habían hecho con el sexo masculino pues nosotras somos más vulnerables y por ende inestables para realizar investigaciones sobre sujetos femeninos, ¡habrase visto!

Sin embargo, voy a plantear para la consideración de mis lectores algunos planteamientos que pueden expandir nuestro reconocimiento de los efectos de la luna llena. Normalmente, cuando estamos en el periodo de preromance o cuando queremos impresionar a alguien gratamente bien sea potencial jefe, suegra o grupo es habitual que intentemos ser más "*naturalmente*" *agradables*. Intentamos ser quienes no somos normalmente, por eso es que podemos estafar y ser estafadas emocionalmente hablando, incluso decir que no conocíamos a ese que compartió la felicidad con nosotros, (***ese*** puede ir desde la pareja al hijo, pasando por amistades). Pero es que actuamos como nunca actuaríamos en condiciones normales. Recuerdo una telenovela venezolana que se llamaba *Voltéate para que te enamores*, una de las actrices principales llamada Carolina Perpetuo se acostaba a dormir con su pareja y a eso de las cuatro de la mañana se levantaba a peinarse, maquillarse y ponerse regia. Cuando el señor se despertaba la encontraba como modelo de *Vogue*. Siempre le decía lo hermosa que amanecía, ni siquiera tenía aliento de amanecida porque usaba Listerine justo antes de que el galán abriera los ojitos. Al pasar un tiempito su cuerpo no aguantaba más las trasnoches, tampoco su piel, ni con kilos de cremas costosas se le veía tersa. Otro ejemplo, una amiga queridísima cuando estaba en pleno romance cortaba los plátanos de su amado en rueditas para el desayuno y los colocaba en el plato. Lo hacía con precisión meridiana para que no se oxidaran, medía con cronómetro el momento en que el señor se iba a sentar a la mesa para sorprenderlo. La sorprendida fui yo, eso sí es trabajo. Lo relatado jocosamente, al menos para mí, se debe a que en ese afán de gustar al otro, tanto físicamente como en otros aspectos, buscamos someter al pequeño monstruo que llevamos dentro como domadoras de circo en acción. Pero esta supresión del lado oculto o salvaje de nuestra personalidad no trabaja siempre a nuestro favor. A veces la fiera se suelta cuando no estamos pendientes y muestra a ese sensible engendro de pantera que habita dentro de nuestros cuerpos. La fiera puede ser a veces un afán de complacer sin medida tipo geisha, sólo para gustar o ser aceptada.

Ver cómo reaccionamos ante un comentario, un juego, una situación, en el tráfico, puede ser una gran oportunidad de conocernos. En los oráculos siempre se nos dice que debemos ser unas princesas, o comportarnos de manera agresivamente seductora, o siempre estar lista para lo que sea, como un *Boy Scout*. Pero ¿y si ese día tenemos *la loca* indomable y suelta? ¿Qué pasa cuando hacemos erupción o nos tocó la luna con plena fuerza? ¿Cómo reaccionamos? ¿Es esa precisa explosión o desde que nacemos nos entendemos así? ¿Seguir a un consejero de revista nos ayudará a fingir por un tiempo largo? Pues a mí no me sirvió, fingir lo que no somos puede resultar muy cansado y creo que a la larga puede traernos desdoblamiento de personalidad, sino recuerden en la novela *Sybill*, aquella señora que tenía unas mil personalidades; ya al final la pobre se parecía a la cantante Cher en *Vaudeville* porque no se recordaba a ella misma, no sabía qué ropa o peinado le gustaba de verdad.

Cuando doy clases sobre emociones les menciono a mis estudiantes que no hay recetas mágicas... no existen, tampoco hay borradores mágicos, ni un correctox líquido mágico, tampoco la cinta adhesiva mágica, menos un conjuro mágico (¿usted ha visto un brujo rico? Yo nunca, bue... Walter Mercado pero él es astrólogo). Una vez que se hizo algo no lo podemos desaparecer... aunque si podemos *intervenir* el resultado, entendiendo que un final es *un final* aunque no nos guste. Cuando digo **intervenir** implica que, sin justificar una explosión de carácter por ejemplo, puedo tratar de entender las razones que hicieron que me comportara de una determinada forma. No podemos modificar a nadie por nuestra voluntad o deseo, eso sí sería magia y muchas ya seríamos millonarias solamente pensando. Únicamente podemos intervenir sobre nosotras mismas, lo que me sirve a mí no necesariamente le sirve a usted. Cada uno de nosotros es diferente, nos guste o no.

Algunas situaciones nos pueden llevar a reconocer cómo nos comportamos en momentos de tensión. Es allí que podemos catalogar qué tipo de fiera interna es la que sacamos a pasear de vez en cuando. Sabiendo esto podemos tomar nuestras propias acciones. Presento a continuación algunos ejemplos de escenarios donde podríamos conocernos:

1. Viajes

Viajar como pareja, con amigos y en familia nos puede mostrar aspectos nuestros y de los otros cuando estamos fuera de nuestra zona de confort. ¿Le gusta a usted y a su compañía familiar o romántica el solo hecho de estar allí en medio de la nada o quiere ser el sargento de regimiento que da las órdenes y establece las pautas del *disfrute*? ¿Se queja por los pequeños detalles como falta de aire acondicionado en un ambiente caluroso de 40° centígrados? ¿Se ríe de las situaciones cuando usted descuidadamente pierde el mapa o derrama un litro de cappuccino sobre el GPS? ¿Disfruta cuando usted o él accidentalmente dejan la llave dentro del vehículo y no lo pueden abrir? La manera como una persona maneja los percances pequeños o grandes muestra la manera como fluye con las situaciones. ¿Qué está pensado en este momento?

2. Enfermedad

Sentirse enfermo muchas veces muestra nuestras reacciones ante el dolor, el desaliento o la desesperación. Sin embargo, algunas personas sufren más que otras ante la misma circunstancia. ¿Usted o su amado se convierte en un pequeño dictador cuando alguien se siente mal? ¿Se frustra, se lame las heridas o quiere publicar su estado en Facebook o Twitter con lujo de detalles autocompasivos?

Si la respuesta es afirmativa piense cómo puede manejar esto, tanto si es usted quien lo produce o si es el otro el que lo hace (y usted lo padece). La paciencia es un recurso natural agotable, no renovable. Si usted puede preparar sopa durante más de una semana y consentir al otro sin ofuscarse, sin fingir compasión o cariño... sepa usted que Florencia Nightingale reencarnó en su cuerpo. Usted tiene genes de ambulancia y podrá soportar lo que le venga sin perder el *glamour* y seguir amando sin reclamar nada a cambio. Si usted cae en el caso contrario, además de reconocerse, opte por comprar un seguro médico que incluya servicios paramédicos a domicilio, usted puede potencialmente padecer del efecto de una llena.

3. Discusiones

Grupos de expertos concuerdan en que las peleas y discusiones no son predictivas para vaticinar rupturas y divorcios. Sin embargo, pueden reflejar la manera como manejamos el conflicto. Le pregunto: ¿Coloca usted a su ser querido contra la pared y lo acuchillea metafóricamente o en su lugar se hace la loca dejando pasar las situaciones? ¿Lo critica hasta el final de los siglos hasta que le ve el huesito o lo apoya sin condición? ¿Puede mantener la calma durante una discusión o explota verbal o físicamente, como volcán arropando con lava lo que se le atraviese?

La manera como discutimos, llegamos a acuerdos o manejamos los conflictos muestra si somos buenos escuchando, si podemos llegar a convenios y compromisos, o si somos como las bolas demoledoras gigantes que usan para destruir edificaciones. Entender cómo nos comportamos al calor de una discusión y si nos sentimos humilladas o nosotros humillamos permite que reconsideremos situaciones dolorosas para otros y para nosotras mismas. Nadie puede *arreglar* a nadie, *Houston Houston tenemos un problema, hay luna llena a la vista.*

4. Competencias

Nuestra actitud cuando competimos en juegos o dinámicas personales muestra nuestro propio talante con relación a temas como la rivalidad, socialización y confianza, entre muchos otros. Piense ¿Le es fácil perder y aceptarlo graciosamente o busca la revancha como las novedosas cholitas Bolivianas de la lucha libre? Mucha gente detesta perder hasta en situaciones ridículamente cotidianas. La manera cómo se compite puede ser un indicativo de nuestro nivel de madurez y de nuestra buena disposición. ¿Va a esperarlo en la bajadita?

5. Conducir

Conducir vehículos en cualquier ciudad latinoamericana puede provocar que emerja el pequeño diablo que llevamos por dentro. La frustración que produce la anarquía vial, los motoristas, las trancas de tráfico, las horas pico, no encontrar nuestro destino, pasarse de la salida de la autopista, las largas horas sentadas detrás del volante pueden mostrar nuestro ser único e inigualable (el más feo), también el de nuestros seres queridos. No importa si es usted quien conduce o si es otro, esta es una gran oportunidad para saber cómo responde usted en situaciones conocidas como toques de luna. Si usted va de copiloto de su pareja o amigo y tiene que colocarse el documento de identidad en la boca para que reconozcan el cadáver (Dios la proteja), piense si esa actitud se le da fácilmente, espontáneamente, o si le genera pánico o terror. ¿Le es fácil soportar la bocina de su carro o le atormenta el ruido? ¿Soporta los improperios de los conductores pasivamente o usted responde con palabrotas mayores y señales manuales? ¿Le es fácil calmarse o usted cómodamente se transforma en una especie de Hulk, el hombre verde? El respeto mostrado a otros tanto dentro de su vehículo como fuera de él delata rasgos interesantes de cómo nos relacionamos y qué nos saca de nuestro justo juicio bien como conductoras, pasajeras o transeúntes. ¿Se siente tocada por el efecto de la luna en estas circunstancias?

Posiciones de liderazgo

Observar nuestras interacciones y las de nuestros amados puede darnos pelos y señales de nuestro respeto por otros. ¿Hay gritos, atropellos o educación y cortesía? A veces nos cegamos con el otro, con la media naranja y con nosotros mismos; no nos damos cuenta de lo que hacemos o de lo que nos hacen. Luego decimos que no sabemos lo que pasó que todo cambio, pero la evidencia siempre estuvo allí. En otras ocasiones, nos cansamos de lo que experimentamos o los otros se cansan de nosotras, total no somos perfectas.

Prestar atención sobre cómo se negocia, cómo nos comportamos en posiciones de poder, si somos elitistas o criticonas, cómo honramos nuestros compromisos es de gran ayuda para mejorarnos o huir de un dictador en potencia.

Sobre el respeto, quiero decir el de nosotras hacia nosotras, y el de nosotras hacia otros. Se podría confundir con que estoy hablando sobre la pareja exclusivamente, pero perfectamente se puede extrapolar al hijo, al supervisado, al alumno, al jefe, a todo aquel con el que nos relacionamos. Nuestra cara real emerge cuando el estrés está alto en el termómetro emocional. Las situaciones problemáticas siempre van a existir, el punto aquí es cómo reaccionamos ante ellas y si queremos engañarnos (engañarlos) diciendo que somos angelitos de pascua.

COROLARIO: Podemos disimular en nombre del amor, pero mantener el teatro mucho tiempo es cuesta arriba. Seguir consejos para "pescar y mantener a alguien" no es fácil porque todos somos diferentes. Lo que le puede funcionar a alguien puede no funcionarme a mí. En todas las situaciones mencionadas los comunes denominadores son el respeto y nuestra real apreciación sobre nosotras y sobre el otro, quien quiera que sea. No vale caernos a cuentos de camino. En algún momento bajo mucha presión puede tocarnos el efecto de la luna llena. ¿Podrá ser resistido por usted y por los otros?

¿Prisionera de mi mundo?

A veces las damas nos hacemos prisioneras de la forma como vemos, escuchamos y sentimos el mundo. Lo experimentamos a través de las limitaciones (anteojos) que nos ponemos. He aprendido con la vida que podemos escoger cómo vivir las experiencias de nuestras relaciones sin necesidad de consultar los oráculos. Cuando pensamos diferente sentimos diferente. Aunque el reloj siga haciendo *tic tac*, cada momento que pasa en nuestras vidas no puede regresar. Como dice Leo Buscaglia *cada momento de infelicidad, es un momento de felicidad perdida*. Hay momentos similares mas no iguales. Tenemos una cierta cantidad de tiempo para disfrutar la vida que estamos viviendo ahora. Esa vida tiene momentos de triunfo, agrado, tristeza, y a veces de abatimiento. En ocasiones tenemos días brillantes y algunas veces días más oscuros. Siempre encontraremos oportunidades y situaciones por resolver. Mi abuelita, que era letrada de la vida y escasamente habrá llegado a primer grado de primaria, decía que siempre se aprendía de una situación negativa y que siempre amanecía después de una noche oscura. Así que podemos aprender lecciones de cada uno de esos *príncipes* de la vida, y sobre todo aprendemos de nosotras mismas, cómo es que nos relacionamos, qué tienen en común esas historias de desencuentros con las parejas, los hijos, los amigos. Ser feliz es tan diferente para uno y otro ser humano. Lo que me hace feliz a mí no es necesariamente lo que hace feliz a quien amo. Así que sin importar lo que estamos viviendo el buscar re-crear buenos sentimientos es saludable por dos razones: la primera para sentirnos bien y la segunda porque al recrearlos producimos en nuestros cerebros hormonas que nos ayudan a estar sanitas y contentas (suben los linfocitos T, y repotenciamos el sistema inmunológico). De otra manera, viviríamos una vida más oscura y atribulada que la de la madre de Don Diego de la Vega, El Zorro.

La inteligencia de la libertad personal reside en sentirse ya sea en el cielo o en el infierno, es cómo experimentamos el mundo y cómo le respondemos. Es poder ante una situación problemática separar el problema de las posibles soluciones. Ya sé, me puse idealista. Mi punto es que alguien me podrá decir qué puedo hacer con mi vida o la suya pero ese alguien no la puede vivir por mí o por usted. El arte de vivir maravillosamente, para mí, se resume en hacer elecciones y escoger bien; no en riqueza, conocimientos o el uso de consejos estandarizados, tipo bautizo con manguera, sino en la actitud. Todas tenemos los mismos números de situaciones problemáticas cuando nos encontramos en estados productivos y nos sentimos bien, que cuando estamos en estados improductivos y nos sentimos mal.

Se me ocurren tres posibilidades para compartirlas, es lo que practico en mi vida, aunque quiero aclarar que **no intento dar consejos**:

1. Buscar entender que nuestra experiencia (la suya) sólo representa cómo "nos parecen" las cosas y no cómo son en realidad. Preguntarse si lo que pasa es verdad o una percepción, por ejemplo ¿Soy fea u hoy me siento fea? Son dos cosas diferentes aunque creamos que se parecen.
2. Intentar tomar los pasos necesarios para generarse maneras efectivas de pensar productivamente y de producir estados bioquímicos en nuestro cerebro para que se hagan un hábito saludable. Caminar puede ser una, reunirnos con gente no tremendista o pesimista puede ser otra; no sé, cada quien tendrá la suya.
3. Procurar examinar el mundo en formas más útiles a través de ópticas *inteligentemente* optimistas y realistas (¿qué hay aquí bueno para mí?) con una actitud positiva.

Corolario sobre el cielo terrícola y el infierno mental: no todos los consejos que nos dan se parecen a lo que estamos viviendo y sintiendo. Los consejos de la abuela o de los oráculos no son de talla única. Un oráculo puede decirle qué hacer pero no puede vivir la vida por usted.

La ilusión de la realidad: ¡Pobrecita yo!

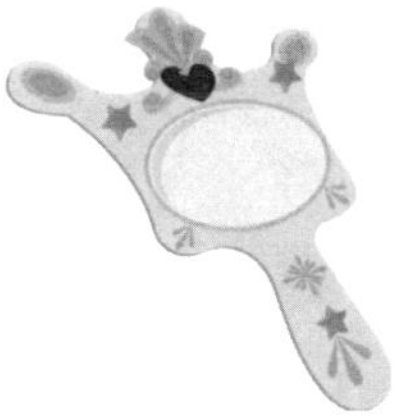

Ahora que me sabía todas las respuestas,
me cambiaron las preguntas

GRAFITI EN UNA PARED EN LIMA, PERÚ

A veces las mujeres tenemos historias de **autocompasión** que nos contamos a nosotras mismas y a otras personas, esas de "pobre de mí", esas con las cuales podemos pasar horas refiriendo lo terrible de nuestras vidas. Muchas veces podemos intentar tratar de pensar a futuro para hacer cambios pero volvemos a "regocijarnos" en ese pasado, con *el tango de la vida*. La razón es simple, hemos aprendido a sentirnos bien como víctimas pues nos damos nosotras mismas amor y nos conectamos más con nosotras mismas. Hemos practicado tanto el sentirnos desdichadas que ya lo perfeccionamos. Por supuesto si llega un potencial candidato y se encuentra con ese llantén (llanto prolongado con intermitencias), querrá solucionarlo. Pero usted no lo va a dejar porque quiere que la escuchen. ¿Entonces qué hace el señor? Huye o la maltrata más, total ya está vejada, ¿qué es una raya más para un tigre? Pensará él.

Con el tema de la autocompasión me he percatado que cada vez que intento dar un halago a una congénere casi de inmediato recibo una respuesta: "**sí, pero**..." Nos encanta el lamento. Algunos ejemplos para ilustrar, al decir la frase: ¡qué hermosa te ves después de perder peso! Recibo respuestas como **sí, pero** todavía me faltan 10 kilos más. Otra: me *enteré que cambiaste de trabajo.* Recibo como respuesta: **sí, pero** *todavía me falta para ascender.* Si le dijera a Carrie Bradshaw, la heroína de Sex and the City: *Maravilloso que estés con Big.* Ella respondería: **sí, pero** ahora mete el televisor en el cuarto. A esto podemos llamarlo la queja habitual aun sin razón aparente. Las mujeres tendemos a quejarnos de lo que hacemos pero no dejamos de hacerlo. Esto aplica a qué hacemos dentro de las relaciones e interacciones con el otro, o cómo vemos lo que los otros hacen. Nos quejamos de que él no me llame pero seguimos allí. Nos quejamos de que tenemos que lavar siempre los platos pero cuando otro los lava nunca le quedan bien. La doctora Pilar Sordo dice que esto se debe a que las mujeres necesitan sentirse necesitadas.

La felicidad de la mujer tiene gradientes y normalmente buscamos la explicación en algo externo, muchas veces no vemos que la podemos producir endógenamente. Damos generalmente explicaciones por las cuales nos va mal: él no me hace feliz, mis hijos me hacen la vida de cuadritos, mi jefe me martiriza, la gordura me acongoja (como si el sobrepeso tuviese personalidad propia). A esto se une la idealización o fantaseo sobre personas y situaciones, es decir, el famoso pensamiento mágico. Debo advertir que tenemos una estructura de pensamiento realista al igual que los hombres pero el pensamiento y la actitud mágicas se nos dan facilito a las féminas. Por eso el éxito de las brujas, quirománticos, cartománticos, adivinadores y afines que compiten abiertamente con los terapeutas, consejeros, psicólogos y psiquiatras.

Yo soy una buena exponente del pensamiento mágico y ejemplos me sobran. Mis hijos se asustan cuando veo el canal de ventas por televisión que en mi país se llama As seen on TV (muy criollo el término). Soy una amenaza con la tarjeta de crédito y el teléfono cada vez que escucho "¡llame ya!". Me encanta imaginarme que a la sartén llamada *turbo cooker* le lanzó un pedazo de carne, arroz de paquete y un plátano con cáscara y a los cinco minutos voy a tener un almuerzo espléndido sin ni siquiera haberle echado sal ni especias. O que sólo con ver los videos de ejercicio o ponerme un cinturón con vibración eléctrica puedo esculpirme un cuerpazo. También caí seducida ante el señor grande que anuncia un extractor de jugos. El señor debe tener 150 años pero parece de 80. Según él con el jugo uno puede verse joven como él (que se ve 60 años más joven y ¡eso vende esperanzas!). Magia, magia, magia es igual a decepción, decepción, decepción.

Este pensamiento que puede parecer poco racional puede llevarnos a un sinfín de situaciones, que comprometen nuestros estados de ánimo y nos llevan a la autocompasión, decepción y queja. Simplemente porque pone a competir lo real *vs* lo mágico. ¿Cuántas veces no hemos escuchado a féminas hablando del príncipe azul? A una dama X le gustaría ese príncipe alto, morenazo, buen físico, excelente en la cama, que le dé mucho amor, que la necesite, escuche y abrace —no necesariamente para sexo—, que la llame cada minuto para asegurarle su amor, que la encuentre la más hermosa del universo. Ese señor no aparece nunca en la realidad cercana y la dama opta por su *peor es nada,* un hombre de carne y hueso real, al cual estará siempre comparando con el hombre de su pensamiento mágico. Entramos entonces a las filas de las malqueridas y de las relaciones poco satisfactorias.

Esto que aplicamos al pobre hombre también es de basta aplicación a los hijos y cualquier otro ser o seres humanos de nuestra vida. Ponemos a competir a la hija real con la hija ideal-mágica, a la mamá real que somos con la mamá ideal-mágica, a la señora que nos ayuda en la casa real con la mágica (esto último es catastrófico). Básicamente tenemos un modelo en nuestra cabeza que no se parece al cuerpo o cuerpos de carne y hueso que conviven con nosotros. Nos gustaría tener unos muchachitos como los hijos de esa gente que aparece en la revista Hola, que no se mueven cuando les toman las fotos y que siempre salen limpiecitos, peinaditos y arregladitos. Nosotros a los nuestros tenemos que envolverlos en el plástico transparente que usan para envolver los alimentos, de manera que no se ensucien antes de llegar a la piñata en tan sólo 20 minutos. También esperamos que nuestra pareja sea como los doctores de Grace's Anatomy: Dr. Mc Dreamy y Dr. Mc Steamy, unos súper galanes cuando nuestra realidad es otra... seleccionada por nosotras mismas. Esto vale también para los caballeros. Sueñan con una conejita de *Playboy* y se relacionan con muchachas normales y corrientes pertenecientes a la Cofradía del Carmen (algunas con sus toquecitos cosméticos de silicona para subirse las autoestimas pectorales).

Lo que quiero decir con esto es que Blanca Nieves, la Bella Durmiente, Cenicienta, La Bella (la novia del Bestia), Pocahontas, Jazmín (de Aladino), Mulan, Ariel La Sirenita, Piel de Asno, entre muchas estelaridades de los cuentos de hadas, sólo viven allí en el país de la fantasía donde un beso es más importante que pasar una materia en el colegio, o que pagar el mercado, o que no saber cómo llegar al trabajo en las caóticas mañanas del tráfico capitalino, o que aguantarse a una pareja malgeniuda que llega cansada de la oficina. Ellas no tienen que lavar calzoncillos, preparar comida todos los días, tener un día con el feo alborotado.

Hay dos temas que también pueden caer en esta ilusión de la realidad que produce mucho martirio en las féminas: el tema de la autoimagen y del sexo fantástico.

Sobre la **autoimagen**: tenemos ideales de belleza dictaminados por muchos elementos personales, imaginarios, de la farándula, que no se parecen a nuestra realidad y pueden generar muchos sin sabores en la vida o como decía mi abuelita "complejos" (¡simples no eran!). La autoimagen distorsionada puede hacer a una mujer realmente infeliz. Yo me he dado cuenta que no es un tema estrictamente local, existe en muchas partes del mundo. He visto en montones de países que para anunciar cerveza, herramientas mecánicas, partes para automóviles, afeitadoras, whisky, ron, neumáticos se utiliza una imagen femenina con excelente figura y poquísima ropa. ¿Será que los mecánicos deben sentirse erotizados para arreglar el motor de un vehículo? Por supuesto esta erotización y exacerbación de las nuevas medidas y formas femeninas no solamente afectan el gusto masculino sino que afectan la aspiración femenina.

La belleza es parte de la aspiración femenina actual. Hay muchas niñas en mi país que sueñan con tener prótesis mamarias como regalo de quince años, seguro que en otros países también. Algunos programas populares de la televisión son *reality shows* que presentan personas comunes y corrientes que salen transformadas en bellezas de concurso. Esto por supuesto debe haber afectado mucho a tantas damas que hay campañas para la belleza natural de un jabón muy popular. Un día de feo alborotado puede generar abatimiento a cualquier fémina, muchos días seguidos de feo alborotado puede generar desolación total. Una mujer con una pobre imagen de sí misma puede llegar a ser muy insegura en varios aspectos de su vida. La cirugía cosmética ha llegado a ser la panacea y la bancarrota de muchas; esta solución puede subir la autoestima pero no necesariamente conseguir la felicidad.

El otro es la **ilusión orgásmica**. Aquí los oráculos especializados como Cosmopolitan y otras revistas de ese corte han jugado un papel muy importante. La forma como estos temas se plantean provoca que se confunda intimidad con sexo, y sexo con maratones eróticos. Intimidad va más allá de sexo, es lo que permite que luego de muchos años de compañía, una pareja todavía sienta pasión el uno por el otro. Pero por alguna razón se induce a pensar (no es la revista, somos nosotras) que la vida y actividad sexual tiene un formato similar a las que aparecen en películas como *Bajos Instintos* o *9 Semanas y Media* donde las parejas tienes sesiones maratónicas de sexo, jadeos y hay erecciones sin fin. Cada persona, cada pareja, cada química es diferente. Una relación o encuentro íntimo no tiene rounds de duración de 90 minutos cada uno... Eso es sólo en las películas pornográficas. Lo mismo aplica para los orgasmos. Si necesita ayuda para establecer o recuperar su intimidad acuda a un experto profesional no a una revista ni a una hechicera.

Luego decimos que somos simples, que nos adaptamos a cualquier cosa y que nos gusta cualquier cosa. Falso de toda falsedad, nos gusta lo que tenemos en la cabeza que nadie sabe qué es porque la bola de cristal se quebró hace mucho tiempo. Lamentablemente mientras más fantasiosas somos en relación a las personas o a las cosas más infelices somos y más infelices hacemos a los demás porque no valoramos lo que tenemos y porque nos centramos en lo que nos falta. ¿Cómo no vamos a quejarnos si vivimos de expectativas?

¿Cómo podemos dejar de ser víctimas o Doña Angustias? Aprendiendo cómo sentirse feliz con poquito y practicando el sentirse bien. Yo les voy a decir que hago porque ningún manual me sirvió. Me focalizo en dos áreas: primero, las acciones que puedo tomar para mejorar las cosas; en lugar de decirme ¿"por qué yo", "por qué a mí"? me pregunto ¿qué puedo hacer yo por mí? Segundo, comienzo a apreciar lo que tengo y lo disfruto. En mi experiencia si se establecen estándares muy altos o ilusorios para sentirme bien el resultado será más difícil de lograr, y por supuesto peor me voy a sentir.

Yo me autoinduzco estados positivos de ánimo usando un ejercicio de simplicidad, pero **no al estilo Ohmmmmm**:

1. Me hablo a mi misma en tono positivo, para sentir lo que siento (valga la redundancia, útil para hacer este punto) cuando estoy bien anímicamente hablando. En lugar de caerme a insultos y juicios tipo "que bruta Marielena" le busco la vuelta.
2. Aprecio la maravilla del momento presente, disfrutando cada actividad que realizo... Independientemente de lo aburrida que pueda estar en la fila para pagar en el supermercado.
3. Aprecio lo afortunada que soy por lo que tengo

a pesar de cualquier circunstancia. ¡Mire que vivir en mi país no es fácil!

4. Busco sentirme realmente bien por mí misma, por lo que soy, por lo que he logrado con los recursos que he tenido. Podría amargarme por eventos vividos pero he escogido seleccionar aquellos que me ayudan y no los que me pueden hundir.

Cuando me muevo fuera de la queja y del lamento cambia mi estado anímico (puedo ir más rapidito hacia el camino de la felicidad)... y como dice una amiga en Costa Rica *si hay camino uno no está perdido.*

Corolario: Estar feliz, es un estado mental que no se compra en el supermercado. Tampoco la felicidad me la dará nadie... porque no está afuera de mí. La felicidad es una decisión, es una actitud. Cuando encuentro sentido a lo que hago puedo comenzar a encontrarla.

A veces no se trata de autocompasión sino de una imagen distorsionada de nosotras mismas, lo que algunos bautizan como baja autoestima. En realidad lo que sucede es que al interpretar el mundo en un momento que tiene como base el *cómo* usted se siente bajo un estado negativo se asume que *somos* menos cuando lo que pasa es que *estamos* menos. No es un juego de palabras es un juego de percepción. La diferencia es *ser* o *estar*, como el verbo ***to be*** en inglés. En lugar de compararnos con otras (a menos que sea para mejorar), hay que compararse con una misma y preguntarse ¿Cuán mejor soy hoy en comparación con ayer? Se sorprenderá, se lo aseguro. El día que yo dejé de compararme (con Samantha la de Sex and the City o modelos contemporáneas conmigo, poquísimas a esta edad, por cierto) y ubicarme en contexto real, se acabó mi imagen distorsionada. Puedo recordar un día que fui a una peluquería buscando que me hicieran un corte de cabello a lo Hally Berry, la actriz y terminé como Huckleberry, el perro. Yo soy yo, mi cabello y mis recursos (personales y financieros) no se parecen a los de ella. ¡Ya quisiera yo!

Esto no se trata de empezar a hacer afirmaciones simplonas frente al espejo buscando un cambio. Eso no sirve, el cerebro no se come ese cuento. Eso es optimismo ilusorio. Cuando una tiene un día de "feo alborotado" se podrá parar frente al espejito diciendo misa y el cerebro sabrá que se le está tratando de mentir abiertamente (¡a él y a usted!), él no es tonto. El punto es hacernos sentir tan bien con nosotras mismas como podamos. Ser amable con una misma es decirse cosas agradables de manera grata y buscar que cualquier acción esté dirigida a lograr ese bienestar con una misma. Por ejemplo, el mismo día del feo alborotado puedo verme en el espejo y decir esa blusa te hace ver bien, o ese color te ayuda con tu ánimo, de nuevo cosas que sean verdad. Eso nos ayudará a anestesiar al pequeño juez interno que vive dentro de nosotros y a ponerle una venda en la boca.

Corolario: si nos hablamos a nosotras mismas a golpes qué podemos esperar de los otros. Si quiero que me traten como diosa debería hablarme como tal; ahora bien, si me hablo como la bruja que puedo ser… nadie me va a hablar como si fuese una princesa. Una loca es aquella que sigue haciendo lo mismo y espera resultados diferentes.

Amorcito corazón, de la balada al tango pasando por el bolero y las rancheras ¿Cuándo y cómo llegará el amor a mi vida?

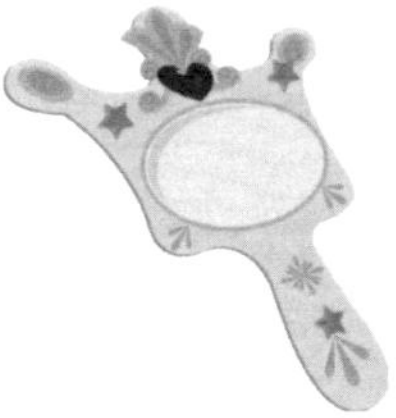

> Las mujeres perdonan pero no olvidan
>
> DICHO POPULAR

La primera relación que realmente deberíamos tener es la relación con nosotras mismas. Esto es muy difícil de entender para muchas féminas. Para poder ejercer relaciones con otro u otros (relaciones familiares o de pareja) deberíamos saber cómo relacionarnos con nosotras mismas. Esta relación debería estar sazonada con lo que yo soy, cómo veo el mundo, con lo que digo, con mis fantasías, con la nivelación de las expectativas personales, el manejo de las crisis. Así que todas las relaciones hablan (bien o mal) de nosotras como ejecutantes de acercamientos personales.

Cuando nos sentimos bien por dentro, cuando de verdad hay alegría profunda, cuando el diálogo interno es quieto y positivo, ese es el momento en el que la gente quiere estar cerca de nosotras, especialmente el ser amado (esto aplica no sólo a pareja, sino a hijos, amistades, el frutero, el carnicero, la conserje). Si una exuda felicidad, si vibramos hasta con la sonrisa, vamos a ser un imán para lo bueno. Haga la prueba, sonría en la calle para que vea que pasa. No hay quien resista devolverle la sonrisa. Mi amigo Rafael Gallegos dice que en Miami se casan hasta las mujeres más feas, claro, allá están más relajadas sonríen más y así suben las probabilidades de conseguir un buen candidato. Estas probabilidades subirían aun más si usted se va a Alaska donde hay diez hombres por mujer. Segurísimo que allí aunque no se sonría tanto, por supuesto, hay más chances. En Venezuela, mi país de origen, invertimos mucho (en todo sentido) en lo visible, que es bueno pero no lo es todo. Compramos ropa de última moda, vamos a la peluquería, nos hacemos la manicure y pedicure, incluso procedimientos cosméticos invasivos, pero se nos olvida invertir en lo de adentro. A veces nos preguntamos por qué aun invirtiendo tanto afuera no llega el príncipe azul o el ser amado no se queda con nosotras. Tenemos ideas románticas basadas en la media naranja, en Jack y Rose del Titanic, de *Romeo y Julieta*, en la *Cenicienta*, *Blanca Nieves*, la *Bella Durmiente*. Estos dos últimos personajes son muy particulares porque entran en estado de vida vegetativa (¿o será narcolepsia?) y de repente llega un extraño de excelentes atributos a rescatarlas con un beso, ¡qué suertudas! A las mujeres nos encantan historias como las de *Pretty Woman*, tal vez sin la partecita de la prostitución para no caer en discusiones morales, o historias de finales felices. Nos encanta una relación, de cualquier tipo, armónica y sin conflictos, una relación para toda la vida. Algo bastante difícil de lograr pues la vida es dinámica, con altibajos; sólo funcionaría así si la rociamos con fijador para cabello "máxima fijación". Cupido con nosotras es rey, no se diga más.

En la medida en que nos sintamos bien con nosotras mismas, que estemos conscientes de nuestro brillo personal particular, no de manuales de funcionamiento, nos hacemos más atractivas. Nadie quiere estar con una llorona o quejosa al lado. Lo parecido se atrae, es la ley del universo. Lo ideal es disfrutar la vida, dejar que ella nos toque, disfrutar lo sencillo y lo complejo, ser menos conscientes de la realidad y dejarnos absorber por el momento, ese que estamos viviendo. Ningún oráculo nos dice eso, las recomendaciones son uniformizadas. Les aseguro que así con optimismo realista llegará esa persona, o estaremos tranquilas con quien tenemos al lado, o participaremos sin egoísmo en las relaciones familiares, amistosas o laborales.

Es importante hacer notar que debo estar llena para recibir, ¡claro de amor no de comida o de colágeno inyectado! Si necesitamos dar para que me den, estamos en una relación equivocada o insana. Si queremos obtener lo que deseamos, debemos dejar de sentir necesidad. Si alguien le regala un libro llamado *Las mujeres que aman demasiado* o algún título parecido, es una buena señal de alarma para revisar qué es lo que está haciendo.

A veces insistimos en permanecer en relaciones que simplemente no pueden ser, pero preferimos estar (mal) acompañadas que solas y nos convertimos en *mal queridas* tal como lo explica Mariela Michelena la psicoanalista venezolana. Muchas veces creamos un dios al cual reverenciamos, lo ponemos en un pedestal, le damos el control remoto de nuestra vida para que cambie de canal, nos baje el volumen o nos ponga la pausa. Si es así y nos damos cuenta, a lo mejor es tiempo de moverse, a menos que se quiera morir de amor o de un cáncer. Lo mejor del pasado es que pasó. Cuando se cierra una puerta se abre una ventana o una ventanita.

Los boleros o tangos de la vida pueden basarse en dramas pasionales o relaciones incompletas y tortuosas. Puede haber algunas variantes insufribles: entre dos personas y entre tres, es decir, cuando entra en juego la infidelidad (aunque he sabido de situaciones entre cuatro). Este último *monstruo* puede adoptar muchas formas con variadas combinaciones (léase mujer casada con hombre casado, mujer soltera con hombre casado, hombre soltero con mujer casada, dos parejas de amigos siendo infieles entre ellos, etcétera) y con esas variantes los respectivos sufrimientos. Este tema es tan viejo como la aparición de Eva y Adán. Si como lo leen. Eva tuvo a Lillith, ella fue la primera esposa de Adán y lo abandonó porque quería más sexo y en ese tiempo no existía la píldora azul que auxiliará al padre de Caín y Abel. Así que la expulsaron a los barrios del Mar rojo donde había demonios lascivos para el deleite de la susodicha.

En un estudio realizado por la Universidad de Indiana y aplicado a 900 voluntarios de ambos géneros, se reveló que cuando las mujeres no son felices con su relación o sienten una discordancia de creencias con su pareja, son significativamente más propensas a cometer un acto de infidelidad. En cambio, en el caso de los hombres, la principal razón es mucho más simple y primitiva: la excitación sexual. Quiero decir con esto que la infidelidad se puede dar en ambos bandos pero la motivación es distinta.

Después de escuchar a muchas mujeres en situación de infidelidad, en cualquiera de los dos bandos (*la una* y *la otra*), he entendido algunas cosas que voy a compartir. La primera es que no importa cuántas gavetas, ropa interior, celulares o computadoras se revisen, estar *vigilante* como policía nacional no es lo mismo que *estar presente* en una relación. Si no estamos despiertas —relacionalmente hablando— compartiendo verdaderamente una relación no nos debe asombrar en absoluto que nuestra media naranja esté buscando alboroto en otro lugar. Nadie busca afuera si está bien adentro. Un caballero podrá ejercer la potencialidad de su cerebro hormonalmente masculino pero regresará a la seguridad de su nido si realmente existe esa garantía de solidez y arraigo. Sin afán de polemizar o generalizar, yo pienso que los hombres no se divorcian... las mujeres toman la decisión de dar ese paso. Si usted cae en la categoría de **la una** y está sintiendo que algo similar le está sucediendo en su vida, la invito a pasarse un escáner pormenorizado para que revise dónde está usted en la relación, es decir, ¿está presente o ausente? ¿Pasó de ser mamita a ser madre o matrona? Usted tiene la respuesta, no busque en un manual, tampoco en el chat. ¿Tiempo de reconstruir o de erradicar?

Sin afán de romper ilusiones o ser simplista, déjenme decirle a cualquiera de mis congéneres que se encuentre en el triángulo como **la otra**, que ese galán nunca se va a divorciar, que todavía duerme en la cama con la esposa, y que esa señora no lo maltrata. Ese cuento es para que usted se lo crea y caiga rendida a sus pies. Al hombre le resulta fácil convivir con lo mejor de los dos mundos: seguridad y pasión; encuentra la seguridad en su casa y la pasión se la da usted. Al momento de decidir se quedará con la primera opción, a menos que usted lo apunte con fusil de última generación. Fíjese que hasta los boleros explican que un hombre puede vivir con *"un corazón loco"*, corra a buscarse el disco de *Los Panchos* o la versión más nueva del Cigala para que se ilustre sobre el tema, lo escribió un hombre. Lo que pasa es que la pasión despierta la vivencia de la plenitud y de la intensidad que él no logra en la seguridad del hogar. Imagínese que este tema es tan viejo que los grandes clásicos, esos de los grandes amores, fueron escritos para las amantes, aquellas que son objeto de pasiones intensas y desenfrenadas que culminan prontamente. Ningún poeta de aquellos le escribía a los amores de *la una*. Si usted querida lectora se encuentra en esta situación, la de *la otra*, más que preguntarse ¿me quiere o no me quiere?, mientras deshoja una margarita o cualquier flor a su alcance, pregúntese ¿me gratifica o no me gratifica? Yo, sin oráculo alguno, pienso que me merezco el cien por ciento de la atención y no un cincuentucho por ciento basado en los ratos intensos y furtivos que me quieran dar. Además, si él se llegará a divorciar no le extrañe que en el futuro busque a *la otra*. En Venezuela hay un refrán popular que dice *A cada marrano le toca su sábado,* sobran las explicaciones.

Las razones de todo lo explicado anteriormente sobre la correspondencia amorosa y los sufrimientos consecuentes se debe a que cuando amamos intensamente nuestros circuitos cerebrales se alteran y la otra persona se convierte en nuestro ideal de vida. Sus fallas son aceptables y hasta simpáticas. No importa si usa el inodoro y no sube la tapa, o si deja la ropa húmeda y regada en el piso del baño, si bebe directamente del bote de leche, si se rasca las partes íntimas frente a nosotras. Estar enamorado cambia nuestro juicio sobre los atributos o defectos. Tenemos los circuitos cerebrales alterados, producimos endorfinas que nos anestesian. En ese proceso, los puntos buenos se intensifican en nuestras mentes y nos disociamos de los malos. Desenamorarse es justamente lo opuesto; es cuando intensificamos lo negativo y nos disociamos de las virtudes del otro. El periodo del enamoramiento intenso puede estar más o menos entre los doce meses, luego vamos bajando a la realidad. Por eso si comenzamos vacías (de amor por nosotras) habrá probabilidades de terminar no tan bien ese feliz comienzo. Esto de amor por nosotras es que dejamos de hacer lo que nos gusta y perdemos identidad por estar con el príncipe azul, nos quedamos vacías de nosotras para llenarnos de él. Cuando una relación termina no es porque seamos malas, incapaces o no sirvamos, es porque la relación no funcionó debido a las distorsiones sobre ciertas creencias de las que hablamos en líneas anteriores.

Frecuentemente las féminas ante la ruptura nos preguntamos los **porqués,** pero eso no nos ayuda en absoluto, porque las respuestas no llegarán. En algún momento otra vez en la vida (tarde o temprano) podremos ver el lado bueno de esa persona (¡ujúm!) y la conexión de afectos que alguna vez nos unió a ellos, sin dolor (otra vez, ¡ujúm!). Las rupturas, por divorcio o por dejarse, pueden darnos oportunidades para crecer y fortalecernos, aunque usted no lo crea... no es fácil. El corazón, metafóricamente hablando, sana todos los días porque nunca se rompe sólo se siente de esa manera. Si no Alejandro Sanz no hubiese escrito "Corazón Partío". Lo que pasa es que el amor que sentíamos se sustituye por una mezcla de pérdida, rabia, lamentación y otros sentimientos extremos de dolor, a veces hasta de venganza (de ésta tengo muchos ejemplos, pero me los voy a ahorrar). Cuando comenzamos con el corazón lleno no significa que nunca se va a romper en las relaciones, lo que significa es que vamos a recuperarnos con más facilidad. Las rupturas duelen, los duelos son inevitables y superarlas nos tomará de tres a doce meses, a veces muchos más pero les aseguro que el corazón de que sana, ¡sana con o sin colita de rana! A veces parece una noche oscura y tormentosa, pero cuando nos recuperamos sentimos el alivio de habernos desprendido de una relación poco gratificante. Se nos quita la anestesia y nos preguntamos ¿qué era lo que le veía yo a *ese*?

Las historias terminan sin importar si nos gustan los finales, torturarnos no ayuda... tampoco el pesimismo demoledor, es mejor entenderlo para ahorrarnos el sufrimiento de la *pensadera*, buscando explicaciones. No hay bruja, poción mágica o conjuro que arregle este tipo de pesares. Por supuesto que las emociones son irracionales pero el duelo es una parte básica y necesaria para sanar bien. El *hubiese* no existe, tampoco las soluciones mágicas.

Corolario: Los amores imposibles por suerte no son eternos. No hay GPS inventado que nos diga por dónde meternos para "arreglar" una situación amorosa. El mapa, la brújula, la linterna y las decisiones están en manos de cada una de nosotras. Tampoco funcionan en estos casos los zurcidos invisibles ni remiendos.

¿Momentos de epifanía? A veces necesitamos llegar a situaciones que bordean la muerte (¡Dios nos guarde!) o el límite para que nos afecten profundamente y nos caiga el veinte o se nos prenda el foco de la claridad. Resulta paradójico, no le damos importancia a ciertas cosas de la vida y en un momento crítico cuando nos pasa la película de lo que hemos hecho o dejado de hacer ¡zúas! Nos llega una revelación, una luz que nos deja ver el camino correcto para hacer cambios o virajes de trescientos sesenta grados en nuestras vidas.

Sin afán de aconsejar, si usted es de las diosas afortunadas que han encontrado el amor de su vida, entréguese con furia, aprécielo, evite el error común de obviarlo, permítase expresar sus sentimientos, compleméntese en lugar de mimetizarse, permita la magia de la vida. El amor es maravilloso, por favor que no nos quede otra impresión.

Ante las imposibilidades de mis posibilidades, a manera de conclusión

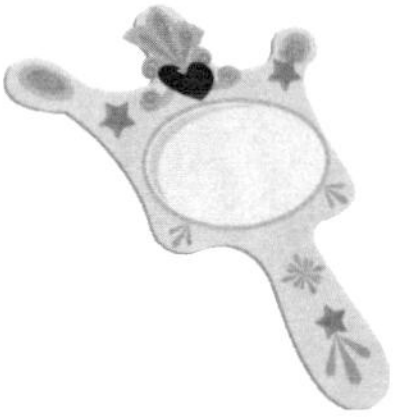

> El que domina a otros es fuerte, el que
> se domina a sí mismo es poderoso
>
> LAOTSE

Después de un paseo generoso por estas rutas de un antimanual, el gran reto es comenzar a trabajar sobre los miedos, tristezas e inseguridades generadas por la diosa o bruja que podemos llevar por dentro. Los oráculos incluso con buenas intenciones no van a decirnos cómo manejar o influir en situaciones particulares de nuestras vidas. Como lo hemos revisado hay muchos factores que predicen, al menos por ahora, muchas disposiciones de ánimo y maneras de ser. Por supuesto, tampoco se trata de que no se pueden cambiar. La invitación es pues a **revisar nuestras actitudes**.

La primera actitud consiste en saber que esas emociones no son enemigas, podemos llevarlas a un equilibrio estable sin cambiar de personalidad ni transformarnos en personas que no somos. Hay razones evolutivas para sentirlas: el miedo nos protegió de los daños desde la época de las cavernas, la tristeza nos mantuvo cerca de casa cuando así lo necesitábamos y la inseguridad nos hizo conscientes para actuar con el fin de cuidarnos.

La segunda actitud se trata de recordar nuevamente que el humor es poderoso para manejar situaciones de contrariedad. Cuando nos podemos reír de algo o alguien ya no nos asustará, ni entristecerá tampoco nos estresará.

La tercera actitud es que hay muchas maneras de pensar sobre el miedo, la tristeza y la inseguridad, podemos aprender a cambiar la manera cómo pensamos sobre ellas. Revise sus aspiraciones.

Finalmente, pero no menos importante, cuídese, consiéntase, regálese pequeños y grandes placeres, aliméntese bien (para nutrir el alma y el cuerpo), descanse, disfrute de la música y la lectura, muévase, baile, cante (no hay realmente manera de hacer el ridículo), busque relajarse, esté presente (no sólo de *estar* sino de *sentir*). No guarde cosas ni palabras para momentos importantes. El momento más importante de su vida es aquí y ahora. No hay nadie que pueda decirle realmente lo que usted puede hacer por usted misma, ni siquiera con la mejor intención.

Sí hay finales felices, a lo mejor no como los imaginábamos pero siempre a nuestro favor, aunque en un primer momento no lo creamos así. Consejo y ayuda son diferentes. Oráculos y expertos profesionales también.Lógica es el sentido común vestido de etiqueta... aunque no es tan común como se piensa.

Glosario para diosas y brujas

Advertencia: La intención de estas definiciones escapa de establecer una visión sexista, tampoco tiene el propósito de discriminar a ningún género.

LO QUE ELLAS DICEN	LO QUE SIGNIFICA
OK	Ésta es la palabra que las diosas casi brujas utilizan para finalizar una discusión cuando han decidido que ellas tienen la razón y ahora el mortal (galán, hijo o amigo) debe callarse.
CINCO MINUTOS	Si la diosa casi bruja se está arreglando, significa media hora. Por el contrario, si estos se le han concedido a otro: CINCO MINUTOS son sólo cinco minutos. Ejemplos: cinco minutos adicionales para terminar de ver el juego de pelota antes de salir al centro comercial o a comer.
NADA	Es la calma antes del tsunami. Significa ALGO. El caballero (pareja, hijo, jefe) debe estar totalmente alerta. Discusiones que empiezan con NADA, normalmente acaban con OK.
(UN GRAN SUSPIRO)	En realidad, es como una palabra pero habitualmente los hombres no la entienden. Un suspiro alto y claro significa que ella piensa que él es bobo y se pregunta por qué está perdiendo el tiempo discutiendo sobre NADA.

MUY BIEN

Ésta es una de las frases más peligrosas que una diosa casi bruja puede decir a un hombre. MUY BIEN significa que ella meditará cuidadosamente antes de decidir cómo y cuándo el caballero pagará por su equivocación.

GRACIAS

Cuando la diosa casi bruja agradece algo, el varón no debe preguntar ni dudar. Sólo decir DE NADA. No pregunte porque se friega.

DA IGUAL (HAY OTRAS EXPRESIONES EQUIVALENTES: COMO QUIERAS, COMO DIGAS)

Es la forma femenina de la diosa casi bruja de mandar al hombre a freír espárragos para no decir al carajo.

TRÁNQUILO, NO TE PREOCUPES, DEJALO ASÍ

Frase peligrosa que significa que aunque la diosa casi bruja le ha dicho al señor en repetidas ocasiones que haga algo, finalmente, lo está haciendo ella misma. Esto más tarde empujará al señor a preguntar "¿QUÉ PASA?" Para saber la respuesta de la diosa casi bruja.

¡AAAHHHH!

Cuando la diosa casi bruja le pregunta algo y el varón da una explicación tonta o no creíble. Ella sólo dice ¡Aaaahhh! pero sabe que no la convenció la respuesta, tenga por seguro que seguirá indagando.

BUENO	Se utiliza para decir que sí, pero indirectamente. Ejemplo: Mi amor, ¿nos vamos a un lugar donde podamos estar solitos y tranquilos? BUENO. Normalmente es sí, pero no se expresa abiertamente.
SÍ	No
NO	Sí
A LO MEJOR	No
NECESITAMOS	Quiero
LO SIENTO	Lo sentirás tú, tonto (en su versión más suave).
TENEMOS QUE HABLAR	Tienes un problema.
SIGUE...	Mejor que no sigas...
HAZ LO QUE QUIERAS	Vas a pagar por esto.
NO ESTOY ENOJADA	Por supuesto que estoy enojada.
ESTÁS MUY ATENTO ESTA NOCHE	¿Lo que quieres es sexo, verdad?

LO QUE ELLOS DICEN	LO QUE SIGNIFICA
Tengo hambre	Tengo hambre.
Tengo sueño	Tengo sueño.
Estoy cansado	Estoy cansado.
Bonito vestido	Bonito escote.
Te quiero	Tengamos sexo.
Me aburro	¿Quieres tener sexo?
¿Bailas?	Me gustaría tener sexo contigo.
¿Te puedo llamar?	Me gustaría tener sexo contigo.
¿Quieres ir al cine?	Me gustaría tener sexo contigo.
¿Te puedo invitar a cenar?	Me gustaría tener sexo contigo.
No eres tú, soy yo	Esto se acabó aquí, no insistas.

Bibliografía

ARGOV, S (2006). *Por qué los hombres aman a las cabronas*. México, Diana.

BARON-COHEN, S (2003). *The essential difference: the truth about the female and male brain*. New York, Perseus Publishing.

BRIZENDINE, L (2006). *The Female Brain*. New York, Random House.

BRIZENDINE, L (2010). *The Male Brain*. New York, Random House.

BUSCAGLIA, L. (1992). *Love*. New York, Random House.

FITZPATRICK, O. (2005). *Conversations, Freedom is Everything and Love is all the Rest*. Dublin, Mysterious Publications.

FRAGA, C. (2010). *¿Qué pasó con nuestro amor?* Caracas, Pomaire.

FROMM, E. (1956). *The Art of Loving*. New York, Harper & Row.

GRAY, J. (1992). *Men are from Mars Women are from Venus*. New York, Harper Collins.

HAVEY, S. (2009). *Actúa como dama pero piensa como hombre*. México, Aguilar.

HILTS, E. (2004). *El manual de la perfecta cabrona*. México, Diana.

LANDAETA, C. (2011). *El falso encanto del despecho*. Caracas, Alfa.

MARGOLIS, J. (2010). *How to bounce back from adversity*. Harvard Business School Publishing.

MARTINEZ, M. (2005). *The Man from Autumn*. Llumina Press, Coral Springs.

MÁRQUEZ, L. (2008). *Amorcito Corazón*. Caracas, Santillana.

MICHELENA, M. (2007). *Las Malqueridas*. Caracas, Alfa.

RILKE, R. (1986). *Letters to a young Poet*. New York, Vintage Books.

RISO, W. (1998). *Sobre el amor*. México, Ediciones Norma.

SANTO DOMINGO, I. (2005). *Los caballeros las prefieren brutas*. Bogotá, De Bolsillo.

SAX, L. (2005). *Why Gender Matters*. New York, Doubleday.

SORDO, P. (2006). *Vivan las diferencias*. Bogotá, Norma.

WALTERS, N. (2009). *Living Dolls*. London, Virago.

NOTA DE LA AUTORA: las fuentes bibliográficas de los glosarios se basan en los correos electrónicos de mis amigos Gilbert Escalante, Sergio Esteva, Paola Dini y Yolimar Quintero, quienes me hacen reír con las ocurrencias presentadas.

Antimanual. ¡Bienvenida a tu mundo real!, de Marielena W. Núñez,
se terminó de imprimir y encuadernar en septiembre de 2011
en Servicios Editoriales y de Impresión, S. A. de C.V.
Salvador Velazco 106, Parque Industrial Exportec I,
ME-50200, Toluca.